U0931690

愛的雕琢

早期親子關係的建立

Dr MAY MIAO
苗延琼醫生

愛的雕琢：早期親子關係的建立

作　　者：苗延琼醫生

出　　　版：真源有限公司
地　　　址：香港柴灣豐業街12號啟力工業中心A座19樓9室
電　　　話：（八五二）三六二零 三一一六
發　　　行：一代匯集
地　　　址：香港九龍大角咀塘尾道64號龍駒企業大廈10字樓B及D室
電　　　話：（八五二）二七八三 八一零二
印　　　刷：培基印刷鐳射分色公司
初　　　版：二零二五年一月
如有破損或裝訂錯誤，請寄回本社更換。

PRINTED IN HONG KONG
ISBN：978-988-70897-0-4

目錄

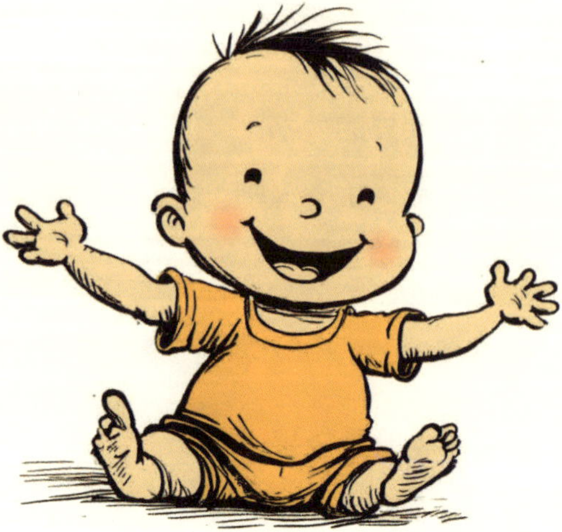

代序

我與苗延琼醫生相識已逾十載。當時，「兒童身心全面發展服務」已在九龍東地區展開，主要由精神科、兒科、婦產科及社區志願機構聯合推動，但尚未有專責的臨床心理學家參與。苗醫生知道我特別關注嬰幼兒心理健康，因此我們開始安排跨診所的個案轉介，共同為病人制定有效的治療方案，這不僅改善了病人的精神狀況，還同時提昇他們與孩子之間的親子關係。在那幾年間，我們也有機會在不同場合向專業同事分享母嬰依附關係的重要性。我非常感恩能與苗醫生共事，成為推動嬰幼兒心理健康的良好夥伴。自本會於 2014年成立以來，苗醫生便已成為本會的創會及終身會員，特此感謝她一直以來對本會的支持和鼓勵。

在她的新書《愛的雕琢：早期親子關係的建立》，苗醫生以深入淺出、輕鬆自然的説故事方式，引用腦神經科學和真實個案，闡述了父母與子女之間早期親密關係和真摯互動對兒童大腦發育的深遠影響，讓讀者明白到，在嬰幼兒期，照顧者的重要角色是不可或缺的。

既然我們知道早期親子關係對兒童的身體、心智、社交和情緒成長至關重要，幫助父母為嬰兒創造良好的照顧環境便成為關鍵。其中一個影響父母能否成為有效照顧者的因素，就是他們自身的童年經歷。許多準父母在迎接孩子出生的同時，常會回顧自己與照顧者的關係，讓那些埋藏已久的回憶和情感浮現出來，這些可能是甜蜜的回憶，也可能是痛苦的經歷。無論準父母選擇重現那些美好的時刻，還是努力改進不愉快的經歷，我都鼓勵他們保持開放的心態，坦誠面對這些想法和情感，並學會與之共處。這有助於他們將壓力轉化為動力，勇敢面對眼前的挑戰，為了胎兒或嬰兒的福祉進行反思和改變。

新生命的來臨，為新手父母帶來了不少挑戰，但同時也為家庭注入了新的活力！苗醫生的新書《愛的雕琢：早期親子關係的建立》幫助讀者了解安全依附關係對孩子心智發展和情緒調節的重要性。相對而言，缺乏安全感的兒童在成長過程中更容易出現心理問題。這本書能進一步提升大眾對嬰幼兒心理健康的關注。我誠摯地向大家推薦！

讓我們攜手支持父母，為孩子創造一個充滿愛的成長環境。

臨床心理學家莫穎斯博士

香港嬰幼兒心理健康協會有限公司創會會長

代序

我自 2007年開始投入九龍東的「兒童身心全面發展」的服務，一起和院內的精神科苗延琼醫生，婦產科的葉麗嫦護士，兒科的同事及社區內的社工合作，盡心去支援高危孕婦及其子女的健康及情緒需要。我親身體會到照顧者與幼童互動的關係對幼童成長的重要性。

「三歲定八十」是中國人智慧的名言。現今已有足夠的科學證據支持這個說法。遺傳固然和幼童的智商有直接的關係，但早年的經歷和環境也是他們腦部健康成長的重要因素。照顧者和幼童的安全依附關係（secure attachment）可令幼童建立信心去探索這個世界，從而學習各種技能，身心可全面健康地成長。

兒童身心全面發展服務是透過多專業的溝通和協作，使高危孕婦的情緒獲得評估和治療，同時令她們可獲得親職的知識和技巧，成為稱職的母親。

苗醫生和我們一眾的醫護團隊，非常樂意與家長或照顧者同行去孕育下一代！祝願各家長或照顧者能給予幼童一個關愛的成長環境去發揮他們的潛能！

鄭慧芬兒科專科醫生

代序

衷心多謝精神科苗延瓊醫生的邀請，榮幸可以給苗醫生最新的著作《愛的雕琢：早期親子關係的建立》寫序。透過這本著作，苗醫生希望讓大眾認識到，父母的心理健康，不僅僅關係到他們自身的需要，同時會影響著整個家庭，影響著下一代的成長與幸福。

2006年，我開始專責基督教聯合醫院「兒童身心全面發展服務」，提供護理及輔導予高危孕婦及產婦。參與這服務讓我有機會和院內不同部門的同事合作，包括兒科醫生、精神科醫生及護士、駐院社工，提供全面的評估及支援，幫助高危孕婦及產婦面對各方面的困難，而當中包括最常見的是產前及產後的情緒問題。

作為三個女兒的母親，我有著深刻體會，明白婦女在懷孕生產及產後所面對的壓力、不安及困難，尤其是在生產後需要肩負哺育及教養子女的責任！

回想自己第一次當母親時，雖然有著相關的知識，卻缺乏育兒實務經驗。直至孩子出現問題需要面對的時候，我才懂得去找專業人士求助，在過程中漸次更了解自己孩子的問題及困難，從而進一步去學習去認識育兒和孩子在成長中各方面的需要。從前走過的歷練和不同的體驗，讓我深刻明白到，早期親子關係的建立，對於孩子的成長是至關重要。

藉著「兒童身心全面發展服務」，讓我認識了精神科苗延瓊醫生、兒科鄭慧芬醫生及其他同事；他們既是我的工作伙伴，也是我的朋友。

與苗醫生共事的日子，見證她處理及跟進過無數產前及產後婦女的情緒問題，受助者的情況都能漸趨穩定。工作上也聽過苗醫生授課，她生動有趣地解説相關的專業知識，同時分享了很多不同的例子，讓與會者更容易掌握課堂的內容。

苗醫生不單是有經驗的精神科醫生，更加是滿有才華的作家。她的著作包括《風雨也無》、《揭開抑鬱症的面紗》、《贏在終點線》、《如果這事情？》、《一個姜糖心理醫生的告白》等。

作為「兒童身心全面發展服務」的資深護士，我相信這本《愛的雕琢：早期親子關係的建立》能夠幫助大眾，認識自己孩子的需要，讓孩子能夠在愛及關懷中成長！

葉麗嫦
婦產科資深護士

代序

我與苗醫生相識於 2007年，當時我們合作支援患有產後抑鬱的婦女，發現不少孕婦往往著重於新生命的成長，而忽略了自身需要。她們在懷孕期間因為體內荷爾蒙變化的影響、產後嬰兒的情況，以及與家人在育兒上的分歧等而承受壓力，嚴重者更會帶來情緒和精神上的困擾。2013年，我們合著《這樣懷孕真舒服》一書，剖析孕婦壓力新趨勢和分享實用的減壓訣竅，勉勵孕婦享受懷孕過程，預備迎接新生命的來臨。猶記得苗醫生當年在短短一星期內完成洋洋十萬字文稿，其寫作能力之高，實在令人欽佩。

與苗醫生合作期間，看見她非常關注懷孕婦女的身心靈需要，對抑鬱症患者亦抱有同理心。苗醫生關心的對象不只限於婦女，她對青少年的心靈關顧工作亦不遺餘力，會積極了解和研究不同個案，更會思量如何有效地幫助患者，是一位關顧患者身心靈需要、充滿熱誠和有深度的醫生。今次為苗醫生的新書《愛的雕琢：早期親子關係的建立》撰序，本人深感榮幸。

此書強調父母與嬰幼兒之間建立情感互動的重要性，這份愛的互動、情感的結連，有助於嬰幼兒對照顧者建立信任和安全感，更對他們日後的發展帶來裨益。書中既有學術部分，闡述嬰幼兒的大腦發展及相關研究，亦不乏一個個生動且動人的故事，讓讀者能從不同角度去理解和發現，在早期建立良好及親密的親子關係，能幫助嬰幼兒的身心靈成長，亦對他們的青少年期，以至於成年期的發展，甚至終生都帶來正面果效。

感謝苗醫生在兼顧繁重工作和公職的同時，仍樂意投放大量心力和時間去關注和研究親子關係與育兒方式，對嬰幼兒的成長的長遠影響和重要性。本人誠意推介這本書予父母及從事與嬰幼兒和學前兒童相關工作的業界同工，深信能為大家帶來啟示和洞見。讓我們並肩攜手，由孩子的嬰幼兒階段開始，在家庭、學校及社會中，悉心培育和雕琢對他們的愛與關懷，為下一代的成長和幸福出一分力。

李雯珊女士
香港基督教女青年會副總幹事

代序

回想在 HKYWCA近 20年的工作時間裡，其中一項讓我很深刻，又常使使我最掛心及觸動的事工，就是與兩間醫院（基督教聯合醫院及瑪麗醫院）合作的產後電話慰問計劃（後來更發展至產前產後的支援服務）。每個育有新生嬰兒的個案，不論是經歷多方轉變的產後婦女、進入新家庭階段的夫婦、充滿希望及有很多需要的嬰兒，還是迎接新生命來臨對家中各成員的衝擊及彼此的關係互動等，也有著不同層面及程度的挑戰，帶來影響之深遠度，實在不容掉以輕心。很感恩能與兩醫院 CCDS計劃裡有心有力的優秀醫護團隊多年來攜手合作，同心為進入重要又充滿考驗階段的家庭去服侍（還記得每次開會我們研討的特別個案），這實在是珍貴又感動的經驗！再者，從合拍的工作過程中能與真情真意的苗醫生、鄭醫生、葉姑娘及相關的同事成為志同道合的好友，更是美妙難得！知道苗醫生及四位醫生有心撰寫此書，將這份愛心繼續研究及推展，由衷表示欣賞和支持！

在我輔導的臨床工作中，即使在這個快速變化的時代，親情的力量依然是人們生活中最堅實的支持。每一位新生兒的到來，都是一個家庭的希望與奇蹟，卻也伴隨著無數的挑戰與艱難。這本《愛的雕琢》邀請各位讀者一同走進幾位專業醫生的世界，他們不僅是精神科和兒科的專家，更是用心靈去呵護每一位母親、嬰兒及其家庭的守護者。在這些細膩而感人的故事中，您將看到產後婦女如何在醫生及相關人士的關懷與支持中，面對母親這一崇高角色的挑戰；您將見證每一位嬰兒如何在母愛的滋養下，感受到生命的溫暖與安全。這些故事充滿了愛與奉獻，帶您進入一個深刻的情感旅程，讓您思考愛與依附在每一個孩子成長過程中的重要性。

嬰兒與母親（或主要照顧者）之間的連繫與依附，是經驗與建立愛的重要過程，如同一股無形的支柱，不僅支持著母親的心靈，也塑造著孩子的未來。每一個案例都是一個小小的雕刻，雕刻出愛的主幹與形狀，讓我們在平凡的生活中，看到不平凡的力量。這些故事不僅是醫學的探求，更是對生命深刻的理解與珍視，讓我們反思：在這瞬息萬變的世界中，如何讓愛成為我們最堅定的信念。

盼望這本書能夠觸動每一位讀者的心弦，讓您在感受親子之間深厚情感的同時，找到對生命的共鳴與啟發。讓我們一起走進這些感人的故事，感受那份深情，並思考如何在自己的生活中，成為身邊每個寶貴生命「愛的雕琢」的工匠。您的關懷與參與，將是這段旅程中不可或缺的部分。

謝韻姿女士（Vincci）
認證婚姻及家庭治療臨床督導及治療師（HKMFTA）

代序：探索愛的力量與心靈的重塑

在人生的道路上，我們都帶著各自的傷痕前行。有些傷痛隱藏在心底深處，在不經意間影響著我們的情緒、思維和行為，讓我們陷入焦慮、自卑或迷茫之中。當我初次接觸到這本書的主題時，內心深處彷彿被觸動了一根弦，因為我深知，每個人都在與過去的某種影響做著抗爭，都渴望找到一種力量，來打破束縛，實現自我的救贖與成長。

苗醫生憑藉其豐富的臨床經驗與深邃洞察力，為我們勾勒出一幅愛與心靈塑造的壯麗長卷。書中講述的親子關係、情感障礙以及早期經歷對人生的深刻影響等故事，宛如一面鏡子，讓我從中照見自己，亦看到無數人的相似影蹤。

我也曾在生活中遭遇挫折，如同書中的人物一樣，懷疑自己能否擺脫過去的陰影。這本書就像一盞明燈，在黑暗中照亮前行的道路。通過 Apple、Dr. Emma等人的故事，以及詠給 ・明就仁波切的禪修智慧和Richard J. Davidson教授的科學研究，向我們傳遞了堅定信念：我們擁有改變的力量。在我的職業生涯中，親眼目睹了太多因心理困擾而發生的悲劇。工地上的工友，有些因家庭失和而日漸消沉，工作熱情盡失；有些則因童年陰影，在逆境中輕易放棄自我。這些活生生的案例，時時提醒著我：心理健康不僅關乎個人安康，更是社會穩定的根基。

書中詳細闡述的各種治療方法和理念，如冥想、正念、敘事治療等，讓我深受啟發。它們不僅僅是理論上的概念，更是可以實踐的方法，幫助我們深入瞭解自己的情緒風格，重塑情緒反應模式。在閱讀的過程中，我仿佛跟隨書中的人物一同經歷了他們的掙扎與成長，感受到了他們內心的力量在逐漸覺醒。

當我讀到 Apple最終學會了慶祝自己的進步，無論大小，都視之為成長的標誌時，我不禁為之動容。這讓我深刻體會到，人生的旅程並非一帆風順，但每一個小小的努力和進步都值得被珍視。我們都在不斷地前行，有時會倒退，有時會徘徊，但只要心中有希望，有改變的決心，我們就能一步步地走向更加美好的未來。

我特別欣賞書中對於「責任」的強調。在過去的傷害中，我們常常不自覺地將自己視為受害者，陷入指責他人的漩渦。然而，真正的治癒是要認識到自己在事件中的角色和責任，不是對傷害本身負責，而是對自己的反應負責。這需要我們擁有極大的勇氣和誠實，去面對自己的內心，去審視自己的思維和行為模式。

在生活中，身為三個孩子的父親，我更深切地體悟到親子教育及家庭情感支持的重要性。他們已長大成人，各自綻放獨特光彩，追逐著不同的夢想。面對他們，我盡量以理解和支持的姿態，努力做好父親的角色，在他們成長的道路上播撒愛與希望的種子。看到他們健康成長，我深感欣慰，也慶幸在為人父母的道路上未曾犯下大錯。苗醫生這本書對父母教育貢獻良多，尤其適合初為人父母者閱讀。

在推動心理健康理念傳播的道路上，我有幸參與都會大學聯同其他合作單位所成立的「同行我城」宣揚精神健康社區聯盟。聯盟致力培訓專業導師，建立完善的支援網絡，推動社區關注心理健康。同時，在家長教育工作上亦不遺餘力，定期邀請專家學者分享育兒心得，與家長展開深度對話，共同探討如何營造良好的親子關係，瞭解孩子的內心需要。這些工作目標明確：喚起社會對兒童心理健康的重視，為下一代營造充滿愛與理解的成長環境。這與苗醫生倡導的理念不謀而合，守護心靈健康，築建和諧社會。

閱讀此書，我不單享受了知識的盛宴，更是心靈的滌蕩。它讓我更珍惜身邊之人，注重情感交流表達。我深刻領悟，愛是治癒創傷、重塑心靈的神奇力量，讓我們面對生活困境時仍能樂觀堅強。一如苗醫生書中理念，我們皆有掙脱過往束縛的能力，通過自我成長與積極改變，書寫絢爛人生篇章。

黃天祥博士工程師 , BBS, JP
有利集團有限公司副主席
香港都會大學校董會主席

代序

我在 1988年已經認識阿 May，當時大家一齊參與培訓精神科專科醫生的訓練，係同學仔亦都算同撈同煲，大家都在試過在相同的地方如瑪麗醫院、葵涌醫院接受訓練，亦一齊去英國考專科考試，不知不覺間已經認識了 30多年，見證了大家的友情，各方面的成長，包括個人、家庭、專業範圍等等亦建立了深厚的友誼。

May眼大大，聲大大，靚女得嚟有點辣，甚至有點神經質，為她沒有城府，好多時都會直話直説，但是她內心好有慈愛，對朋友忠誠，對人對事都有自己的看法，不是那種甜言蜜語、口是心非的「朋友」！

在醫管局最後階段，她很長時間都專注做 CCDS，就是有關於 perinatal psychiatry的工作。當時她在聯合醫院工作量極大，在極大壓力下仍然以病人為本，努力不懈，心懷慈愛的心，不論在藥物應用，心理治療，家庭社會層面都為病人設想，幫助那些婦女她們的高危孩子成長。十分欣賞她在這方面的專業投入及成就。

在私人執業期間，她亦本著初心，處處為病人，尤其是替一些低收入病人設想，除此之外，她亦開始發展他的寫作潛質，出了一系列關於各類精神病的公眾教育系列，每一字一句都是自己親手寫出來，每一個個案都是她的真實體驗，令大眾了解到精神病的真實情況，引起大家的同理心及共鳴，亦減低社會對精神病的污蔑及標籤。另外，她亦做了不少公眾教育的訓練及講座，不遺餘力，很欣賞她在這方面的能力和貢獻。

苗醫生這本書是以愛為主，尤其是父母對待孩子，有時是正向的愛，有時卻是種種虐待，深深傷害了小朋友，但是孩子成長階段亦可能有很多保護因素，無論是家庭其他成員、學校人員、社工、治療師、心理學家、精神科醫生等等，其實都不斷給他們成長中的照顧、支援、治理及愛。橫向是每一個嬰兒孩童青少年甚至成人的成長道路，橫向的因素，無論是高危因素或是保護因素都構成了我們的個體。苗醫生把個人的醫療個案體驗及經驗，以至精神神經科學融會在一起，令大家了解重要的科學基礎，明白到個人成長時，腦內複雜的改變、適應、受損及維修的過程。

這不是一本易讀的書，要用心去看，係一本可讀性高、優質的書，令公眾明白個案背後的科學基礎，以至成長改變，將深奧的精神科學，用簡潔有力的筆觸，加上個別個案的經歷感受，融合在一起，真不容易！

阿 May，你的能力及毅力精神可嘉，在此代表一眾有機會閱讀本書的讀者多謝你，亦代表社會人士多謝你將精神科公眾教育，推到較高的層次，將精神醫學腦神經科學和個案研究融會貫通，令大眾明白。希望大家再不是停留在精神病等於黐線的層面，而是明白到複雜如宇宙的大腦，亦會有病變，亦可因環境因素及治療而作出醫治，對精神病、腦成長手提出新的看法，幫大家撕去眼中、心中、腦中的標籤。

最後多謝上天，讓我遇上你這樣的朋友，退休後可以和你一齊在私人診所執業，也是我退休生活的一大樂事。

陳國齡醫生

前言

我為何要寫這本書？

二〇〇七年，我還在醫管局工作，我走進了「兒童身心全面發展服務」的世界，與兒科、婦產科、母嬰健康院以及各志願機構緊密合作，當中認識了兒科醫生鄭慧芬、婦產科護士葉麗嫦，和基督教女青年會的李雯珊、謝韻芝等。她們都是好的工作伙伴。我那時候的主要任務是照顧一些精神上受到困擾的孕婦和新手媽媽，她們中不少人因為特殊情況而需要額外的支援。

這時候，我想起臨床心理學家莫穎斯 Joyce Mok，她在嬰幼兒精神健康方面擁有豐富的研究和寶貴的心得。慶幸，Joyce慷慨答應為我的個案進行評估。Joyce不僅是我最重要的同行者，更是我的啟蒙者——是她帶我踏進這個迷人的領域，讓我眼界大開。更重要的是，她的智慧和啟發，成為孕育這本書的原點和動力。我心中充滿感激，這份恩情無法言表。

我一直記得那位年輕媽媽小琳。她剛剛產下一個可愛的嬰兒，然而，迎接新生命的喜悅並沒有如期而至。相反，她陷入了深深的抑鬱和焦慮之中。每一次和她談話，我都能感受到她內心的掙扎：對自己的質疑、對未來的迷茫，甚至對孩子的愧疚。她告訴我，這份無助感就像無盡的黑暗，時刻籠罩著她。

小琳並不是唯一的例子。這些年來，我遇見了許多像她一樣的媽媽。她們有的因產後抑鬱而難以自拔，有的因焦慮症而夜夜無眠，還有一些陷入強迫症的泥沼，不得不面對這些患上創傷後壓力症候群，甚至是人格障礙或藥物濫用的媽媽。這些女人的故事深深觸動了我，我開始思考，媽媽的心理健康到底和什麼緊密相連，她們的情況如何影響她們的寶寶？

媽媽的精神狀態往往受到多方面的影響——夫妻關係、婆媳矛盾，甚至是社會的壓力，都在她們的生活中交織，令她們的情緒更加難以承受。而這些精神狀態受苦的不單是她們個人，還會深刻影響到孩子。嬰兒的大腦發育與媽媽的心理健康息息相關，早期的依附關係更是孩子未來壓力反應及人際關係的關鍵因素。

我見過一些媽媽，她們自己在成長過程中經歷了不良的依附關係，這些負面的影響往往延續到了她們自己的孩子身上，成為一代傳一代的惡性循環。那些擁有愛與安全感的依附關係的孩子，則如同把生命建築在磐石之上，無懼風雨；相反，缺乏這種關係的孩子，成長如沙土上的房子，一遇到挑戰挫折便無法承受。

在這個過程中，我也學到了一個重要的道理：遺傳並不是決定命運的唯一因素，它只是一個傾向。

環境、育兒觀念和心理健康都會對孩子的成長和未來的幸福感產生深遠的影響。當錯誤的育兒信息滲透到家庭中，孩子的情緒、壓力應對能力及人格發展都會受到不良影響。

然而，最讓我痛心的，是一些媽媽因為對精神疾病的誤解和污名，而選擇隱瞞自己的痛苦，不願尋求幫助。這種諱疾忌醫的態度，最終成為某些媽媽了結生命的原因。

在這段旅程中，我逐漸深入探索依附關係的奧秘。即使在簡陋的診症室裡，我仍不斷觀察並記錄下許多親子之間真摯互動的片段。每一個微笑、每一次擁抱，背後似乎都藏著更深的意義。這些畫面不僅打動了我的心，也讓我對嬰幼兒成長的腦神經科學產生了濃厚的興趣。

我開始認真研讀，想弄清楚「愛和依附關係」的科學依據。原來，愛與依附關係不僅僅是情感上的需要，更是大腦發育的基礎。每一個溫柔的擁抱和悉心的關懷，都在悄悄地塑造著孩子未來的成長軌跡，為他們的大腦健康打下堅實的基礎。這個發現讓我感到無比震撼，也讓我更加堅信，愛與依附不僅是情感的紐帶，更是生命成長中不可或缺的力量。

父母們的心理健康不僅僅關乎她們自己，同時也會影響著整個家庭，影響著下一代的成長與幸福。而這一切，值得我們每一個人去關注和努力，因為每一個孩子的成長，都是社會未來的基石。

導讀

我在診所經常聽到這樣的故事：

「媽，今晚又加班嗎？」Sandy站在門口，看著母親匆匆忙忙地穿上外套。

「是啊，公司最近忙。晚點再聊吧，幫我照顧好你妹妹。」母親揮了揮手，門隨即關上，留下微微的回聲。

Sandy 輕嘆了一口氣。她已經 24 歲了，沒有工作，依然和母親、繼父以及同母異父的妹妹住在一起。從小到大，外婆一直是她最親近的人，直到她上了大學才與家人重新建立聯繫。8 歲那年，因為父親的債務和出軌，父母分開了，母親那時忙於工作，總是缺席她的成長。而現在，她們之間的溝通雖然好了很多，但內心的距離仍然難以跨越。

「你明天打算幹什麼？」妹妹的聲音打斷了 Kelly 的思緒。

「我也不知道。」她勉強擠出一個微笑，但內心的空洞感卻揮之不去。

曾經，Sandy 以為自己會與前男友走到最後。他們相識戀愛了二年，一起度過了無數快樂的時光。

儘管她的學業和事業接連失敗，他對她的關心卻從未減少。然而，今年初，她發現他背叛了她。當她拿著那些難以否認的證據走向他時，對方竟然無言以對。她感到胸口隱隱作痛，心裡那份信任瞬間崩塌。

「我們分手吧。」 男友的聲音冷靜得出奇，她似乎早已預見了這一刻。男友沒有辯解，也沒有意思挽回。

那一瞬間，她覺得自己像掉進了一個無底的深淵，四周靜得可怕。

分手後，Sandy 切斷了與他的所有聯繫，試圖用冷漠來掩蓋內心的傷痛。然而，這段關係的終結卻讓她無法從過去的陰影中走出來。她發現自己越來越難以專注，生活中的一切開始變得無趣，甚至開始與朋友和家人疏離。

「或許我真的有問題吧！」Sandy 喃喃自語：「難怪我午夜夢回時，總會夢到自己打電話找媽媽，卻遍尋不獲！」

我曾偷聽外婆對媽媽說：「一早叫你把胎兒打掉！」

Sandy 知道自己必須改變，但每當想踏出第一步時，那深藏空虛不見底的恐懼，又把她拉回去。Sandy 當然需要時間，但她卻更需要那份無條件的愛，指引她走出迷霧的低谷。

「但我是沒有可能找到愛的，我是一個令人覺得負面麻煩的人。」Sandy 沮喪的說。

有時，當心裡的痛苦無法承受時，Sandy 會抓傷自己的手臂，試圖用身體的痛來掩蓋內心的折磨。她現在對任何人都不再信任，對未來也感到迷茫和不安。她的自信心逐漸崩塌。

從精神醫學和心理的角度來看，Sandy 的症狀符合重度抑鬱的表現。多年來壓抑的情緒和積累的創傷，讓她陷入了焦慮和長期的輕度抑鬱之中。她在情感上的依戀，特別表現出焦慮型的依戀模式。

對於壓力，尤其是被背叛、拋棄，她顯得尤為脆弱。Sandy 的自我價值感很需要另一半的「加持」，不然的話她無法處理內心的不安全感和自我懷疑。

這就解釋了為什麼很多人都為經歷「失戀」，但不一定像 Sandy 那樣誘發重度抑鬱症。

Sandy 的情況，除了藥物治療外，她更需要明白自己的依附關係模式，那是她不安全感的重要來源，也是她今後人生要面對的課題。

另一個故事，是一名患上焦慮症的女人。我相信她的焦慮症，和童年經歷息息相關。

Carol 是一名 40 歲的已婚女子，現職銀行經理。她的童年起初是快樂的，表現精靈、活潑開朗。但在三歲時，隨著家庭移居香港，她的生活環境急轉直下。「就是來港後我那一場大哭，令到我的人生軌跡改變了！」

「照顧自己的母親要留在中國，因而與她分離，這是一件最痛苦的事！」Carol 説。

這份失落感在她幼小的心靈中埋下了深深的分離焦慮。而在香港，她遭受了祖母的身心虐待，包括被強行將頭按進水中的恐怖經歷。這些創傷不僅帶來了頻繁的哭泣，也讓她充滿壓力和恐懼。

每當 Carol 想起這段童年回憶，也會泣不成聲。母親終於在她七歲的時候到了香港。

我相信若 Carol 沒有經歷這些早期傷害，她不會經常處於極度焦慮和不安狀態，對外界環境畏首畏尾。她的腦袋無法停止擔憂，夜晚常因失眠輾轉反側，令到等二天疲憊不堪。青少年期間，她因焦慮導致的心悸問題，她開始尋求精神科醫生的幫助。之後 Carol 停了覆診。六年前，她的焦慮症復發，Carol 於是尋求治療。在治療期間，她的情況有所好轉，但為了準備懷孕，她停止了藥物治療。不巧的是，這段期間，她視為主要依附對象的母親卻被診斷出子宮癌，並需要接受手術，這進一步加劇了她的焦慮感。

Carol 對情感安全的渴求也延伸到了她的親密關係中。因為抱著「寧濫無缺」的心態，令她在早期的感情中屢屢受挫，多次遭遇背叛和欺騙。這情況直至再婚後，她的第二任丈夫給了她穩定和關愛，讓她的情感生活得以平復。然而，童年的陰影仍舊縈繞在她的內心深處，讓她難以完全擺脫焦慮與失眠。

雖然 Carol 的學業和職業表現尚屬穩定，但她仍需面對廣泛性焦慮症和失眠的困擾。這些症狀顯示，過往的創傷對她的心理健康帶來了深遠影響，令她的壓力系統處於過度警戒狀態。

Carol 需要持續的心理與醫療支持，我相信源頭來自她早期的創傷，但我相信她會慢慢走向內心的平靜與幸福。

· · ·

「愛和關係，當然重要，不過太空泛了！」大家異口同聲的說。

愛對嬰兒大腦的發展至關重要，但這份愛，具體是什麼？究竟如何去愛？是否父母需要做得盡善盡美？如何界定父母已經稱職？

本書不是談技巧方法，這些是「外功」，而是談關係互動的質素。這是「內功」。

我見證過不少專業人士，表面上看似風光成功，但卻一點也不快樂。在書中，我會引用不少個案，當然，為了保障私隱，其中故事情節雖是真的，但人物背景都是虛構的。當我嘗試追溯他們早期與父母的互動，發現原來這段時期，對他們的未來產生竟然產生意想不到的深遠影響。

《愛的雕琢》深入探討了嬰兒期的「愛與關係」如何「塑造大腦」，影響未來的情緒健康和認知發展。

從大腦科學來說，早期親子關係，某程度上決定了孩子日後面對壓力的方式，並且與他們日後形成焦慮症、抑鬱症、創傷後壓力後遺症、飲食失調、成癮和反社會行為等問題息息相關。

本書是跨領域的，融合神經科學、心理學和生物化學等領域的研究，然後深入淺出講解「愛如何塑造大腦」，適合家長、老師和專業人士閱讀。

我相信這不僅是父母的必讀書，也是所有關心兒童早期發展的專業人士的參考資源，為我們提供了如何幫助孩子建立健康大腦與情感的科學依據。

第一章

基礎：嬰兒的大腦
照顧者跟孩子的互動，雕塑了大腦發展

由零開始：Dr. Emma的告白

一對雌雄的獅子棲息於荒野，或是出現在香港、倫敦或紐約鬧市之中，它們的存在的本質，始終始終不變。

人類的孩子成長過程比動物漫長，因為人的成長與能力的發展，必須透過與他人的共存和互動來實現，這是一個無法單靠自身完成的過程。因此，人類不僅僅是抽象比喻中的「整體」，而是真實地融合為一個整體的存在。

「你快到了嗎？」護士的電話吵醒了我那熟睡中的丈夫。

「我馬上到。」丈夫回答，那時是凌晨二點。

當他終於趕到醫院，助產士在角落忙碌著。

「她的情況怎麼樣了？」丈夫壓低聲音問。

「很快了，她正在努力……」助產士說。

那一陣一陣的痛楚，好像要把我的盆骨撕裂：「我受不住了，我要請麻醉科醫生來。」助產士在一旁連聲答應，用安撫的語調反覆安慰我：「妳做得很好，再堅持一下，用力。」

麻醉科醫生還沒有來，我深吸一口氣，用盡洪荒之力，嬰兒終於誕生了。那一刻，空氣彷彿都靜止了。嬰兒的哭聲響起。助產士微笑著將嬰兒遞到我懷裡。

「他出生了，真是個奇蹟，不是嗎？」我低聲對自己說。

「看你鼻子長得高高的，真是個帥哥。」我一邊撫摸嬰兒的頭，一邊對他說。

那個嬰兒，如今已經成年。他大學畢業了，完成了專業資格需要的實習。他的一生或順或逆，但這些生平記錄，往往忽略了最關鍵的部分：他是如何成為今天的自己？

生命並不是一連串客觀事實的簡單陳列。人物傳記告訴我們，某人在某地出生、某年畢業，某年成家，但這些事情的背後，真正形塑他的，是那些無法用語言描述的細節——那些深藏於家庭與人際關係中的互動。

我的母親總愛提起：「你小時候老是哭鬧不停，只要尿片一弄髒，就吵著要換。十三個月就學會走路，一走路，就能很流暢地講話了。」她輕描淡寫的一句話，卻暗示著我性格中那敏感和多言的特質。

「你總是把好吃的食物留到最後，跟你姊姊完全不同。」這些只言片語提示了我對自己早年的理解：我有延宕滿足的能力。

「你的人很焦急，我出去買菜只是晚了幾分鐘，你就在門口吵着說你返學會遲到了。」我的氣質既認真也很神經質。

「鄰居把這些手作都做壞了！」有一晚，媽媽愁眉苦臉的說。

「媽媽不怕，我們一起把它們改正過來。」這時候，我姊姊已經上床睡覺。

有一天，姊姊的同學問她借教科書，我站在門口對她說：「我的姊姊也要用的，你有事『鍾無艷，無事夏艷春』。」這些別人對我家人不公的情況，也影響了我日後如何看待世界：「要自強不息，我們不是好欺負的。」

我並不是特別聰明，但我有一顆鬥心：遇強越強的心。

刻在我心坎的，還有母親冬夜為我蓋棉被，揹著六歲的我去看醫生。是誰讓我在黑夜裡一邊聽電台廣播余過的「四人夜話」恐怖故事，一邊讓我攬住她手臂，使我得到心安？這些無形的力量早已編織進我的血肉，決定了我們如何回應愛、面對恐懼。

更多的細節，我永遠無法得知。尤其是三歲前的，因為自傳式記憶還未形成。

當人們談論成長時，他們往往只看到結果，卻忽略了過程中那些細膩的瞬間——那些真正在我們身上留下印記的，是與他人共度的無數細微時刻。

寶寶大腦的雕塑刀

Dr. Emma是精神科醫生，Alice是她的中學同學。

「你相信人的一生，其實早在嬰兒時期就已經被決定了嗎？」某天在咖啡廳裡，朋友 Alice忍不住問 Dr. Emma。

「人際最基礎的是信任和愛，而嬰幼兒期的經歷十分重要。」Dr. Emma說。

「怎可能？那時我們什麼都不記得啊。」Alice皺著眉，神情半信半疑。

「記得與否不重要，這些早期經歷就像一隻看不見的手，操控著我們如何與人相處、如何面對情緒波動。」Dr. Emma放下咖啡杯，望向窗外來去匆匆的人群。「它們不只是心理上的偏向，更是生理上的反應模式，就像埋藏在地底的史前遺跡，雖然不顯眼，但支撐著整個文明的存在。」

「你這話聽起來真有點像弗洛伊德那套……潛意識什麼的？」Alice挑起眉，似乎充滿好奇，又帶點揶揄。

「是的，他認為自己是考古學家，試圖從人性中挖掘那些隱藏的力量。不過，我跟他的看法不太一樣。」Dr. Emma笑了笑。「弗洛伊德認為性和攻擊本能是驅動人類行為的原始動力，但我更感興趣的是那些在嬰兒時期便被嵌入身體和大腦中的無形關係模式。它們就像一張無形的地圖，指引著我們的人生方向。」

「那麼，你認為人的行為是由什麼決定的？」Alice探過身來，好奇地問道。

我停頓了一會：「是早期的情感經歷，那些在不知不覺間塑造你、牽引你，讓你在特定情境中做出反應的力量。以弗洛伊德為例，他童年時與母親有著特殊的聯繫，讓他感到自己與眾不同。可是，這種優越感同時也帶著罪疚，因為他曾希望競爭對手、他的弟弟死去，好能從母親那裡獲得更多的關注。這種競爭心態深深印刻在他的內心，成為他職業生涯中不可忽視的動力之一。」

「所以你認為，那些嬰兒時期的情感模式會一直影響我們，甚至決定我們的人生走向？」Alice仍是半信半疑。

「沒錯。」我繼續解釋。「一個被父母忽視的嬰兒，可能長大後會在社交場合中感到不安，對他人過度依賴或完全疏離。而另一個在嬰兒時期得到充分關愛的孩子，則會對人際關係充滿信任與自信。這些模式雖然可以改變，可是一旦形成，就像所有習慣一樣，總是需要付出很大的努力，才能打破或改變。」

「這些經歷難道不該在我們的記憶裡嗎？」朋友疑惑地問。

「其實，它們被神經科學家稱為『無法記住又難以忘懷的時刻』。」我解釋道。「我們無法有意識地回憶起那些細節，但它們並沒有被遺忘。它們深深埋藏在我們的潛意識裡，成為我們對世界的期望與行為模式的基礎。」

Alice靜靜聽著：「原來是這樣啊……那麼，我們該怎麼去理解、甚至改變它們呢？」

我微微一笑：「這是一個向內的探索：從認識自己開始，從了解那些無法記住的『刻痕』開始。雖然它們看不見，但只要我們用心體會，就能感受到它們在暗中如何牽引著我們。」

．．．

「你相信每個人內心都有某種原始的衝動嗎？」一位學生曾在課堂上問 Dr. Emma。

「你是說像弗洛伊德的性衝動和攻擊本能？」Dr. Emma反問。「這些觀念或許在他的時代是劃時代的，但我們對人類行為的理解已經遠遠不止於此了。

「弗洛伊德認為，人的生物本能與社會規範之間存在衝突，我們的『自我』需要不斷遏抑這些原始的衝動來維持平衡。他把這看作是一種心靈與身體之間的永恆緊張。但現代人面臨的社會壓力和規範已經大不相同，這一代已經不再需要那麼多的「遏抑」，而在互聯網和人工智能年代，我們反而需是更多的「互動」。」

「所以，我們的行為不單單由這些衝動驅動的？」學生追問。

「沒錯。我認為，推動我們的不只是什麼『內心怪獸』，而是我們的社會環境。我們的情緒反應，甚至生理機制，都是在與他人的互動中塑造出來的。」我頓了頓，舉了個例子。「你知道嗎，那些在嬰兒時期被忽視或經常受到驚嚇的孩子，長大後往往有更強烈的壓力反應，他們的大腦甚至會發展出不同的生化模式。」

學生點了點頭。

「就像 Peter Fonagy 說：大腦是一個『社會器官』。換句話說，我們的思想和情感不是孤立產生的，而是在與他人互動時被組織和塑造的。」

「這聽起來很有意思，但具體來說，這種互動是怎麼影響我們的？」

「當你還是嬰兒的時候，父母的每一個擁抱、每一次微笑都在無形中建立起一套情感模式。這些模式引導你如何面對壓力、如何感受愛與安全。它們不是無法改變的，但就像習慣一樣，一旦形成，往後要很費力才能打破。」

「所以，我們一生的情感反應……也是因為尤其是早期別人對我們的影響。」學生似乎開始了解我的意思。

「正是如此。」我說。「我們不是弗洛伊德所說的那種純粹被衝動牽著走的個體，而是一個由無數次人際互動塑造出的生命體。這形成我們的『安全基地』、依附模式，和對外面世界的看法和互動。」

親蜜的關係

在一個安靜的夜晚，Alice坐在搖椅上，懷中抱著剛出生的寶寶。她低頭看著這個小生命，心中滿是柔情。突然，寶寶的眼睛與她的目光相遇，仿佛在說：「媽媽，我在這裡。」

「我們之間的連結，真的是深入靈魂的。」Alice很感觸地說。她回想起自己在哺乳時的情景，那種深邃的凝視讓她明白，她不僅是餵養寶寶，而是與他產生一種心靈的共鳴。

夜深了，寶寶突然哭了起：「別哭，寶貝，媽媽在這裡。」她感到一陣疲憊，心中卻告訴自己：「這是愛的代價。」

幾個小時後，Alice被一聲尖銳的哭聲驚醒。她揉了揉眼睛，心中一陣焦慮。她知道，這是小寶寶在做噩夢。「又來了，」她低聲自語，抱起寶寶，輕聲安慰：「寶寶不要怕，媽媽陪你。」

在黑暗中，她抱著孩子，走向廚房預備孩子的奶瓶。每一步都感覺沉重，腦海裡閃過無數的念頭：「明天又要怎麼應對？」她知道，破碎的睡眠會讓她的情緒更加脆弱，孩子的需求讓她無法喘息。

Alice回到床上，怎也不能再入睡，她看著沉睡的孩子，心裡卻充滿了掙扎：「我真的能做到嗎？這一切都值得嗎？」她明白，這段隱秘的旅程，充滿了艱辛與喜悅，卻也讓她更加明白女性的多重角色與那份深藏的愛。

一場變革的開端

「你知道嗎，1960 和 70 年代的女性運動改變了一切。」Dr. Emma的聲音在咖啡廳裡顯得特別清晰：「如果不是那場運動，家庭裡那些被視為『私密』的經歷，可能到現在都還無法公開談論。」

Dr. Emma跟 Dr. Mary都是醫生，Dr. Emma是精神科醫生，Dr. Mary是社區兒科醫生，她們跟 Alice是中學同學。

對面的 Dr. Mary點了點頭：「沒錯，以前的情感和性別議題都是禁忌。我記得我母親那代人，即使被家暴也不敢聲張，只能忍耐。」

「我在學醫年代，看到不少女性乳癌入骨，腫瘤像皮球一樣，還流著血水。因為婦女不願意私密部位給別人看，結果令到乳癌瘋狂地生長。而現在，我們能夠討論性別、提醒年輕人要安全性行為。」

「是的。」Dr. Emma啜飲一口咖啡，繼續道：「性虐待會發生在無辜的孩子身上。情感再也不是需要避諱的話題，這促使情感科學興起，讓我們開始探索那個最隱秘的自我世界。」

情感的起源

這時，坐在一旁的Alice歪著頭，對著兩位醫生，露出疑惑的神情。「可是，情感科學真的能解釋所有的情緒嗎？大腦活動、荷爾蒙變化能告訴我們，為什麼我們會形成某種特定的行為方式嗎，」

「不全然。」Dr. Mary搖了搖頭，「這就像解剖一隻成年動物，卻期待從中找到它所有行為的本源。成人行為的背後，是複雜的歷史與經驗交織而成的結果。」

「那麼，我們該去哪裡尋找答案？」Alice問道。

Dr. Emma放下杯子：「我們需要回到起點，回到嬰兒期。嬰兒就像一塊原材料，帶著基因藍圖和無限可能性，但還需要透過與他人的互動來成長。」

Alice想了想，點頭表示認同。「是啊，嬰兒本身還不完整，就像一些學者所說的『外部胎兒』，他們的神經系統還需要由成年人來『編程』才能完善。」

「正是如此。」Dr. Mary微笑著說，「這樣嬰兒才能因應不同的文化需求來調適。比如，一個出生在尼泊爾山區部落的嬰兒，與一個誕生於紐約的嬰兒，在情感反應和適應模式上會有巨大的差異。每一個小小的嬰兒，都像一場交響樂的起點，由不同的身體節奏與功能交織而成。」

與照護者的交換

「但是，」Alice眉頭微皺，試探性地問，「嬰兒自己無法調整這些情感平衡吧？他們要如何建立這些『設定點』？」

Dr. Mary點點頭：「你説得對，嬰兒無法獨自建立情感規範。他們的情感發展完全取決於與照護者的互動。如果母親常常抑鬱，嬰兒會逐漸習慣低刺激的環境，變得對情感互動失去興趣；如果母親焦慮，嬰兒可能會長期處於警覺狀態，甚至為了保護自己而封閉情感。」

「所以説，照護者的情緒行為真的很重要？」Alice低聲説，眼神流露出一絲凝重。

「沒錯。」Dr. Emma深吸一口氣，緩緩吐出。「照護者幫助嬰兒將強烈的情感波動恢復到穩定狀態，嬰兒就會學會如何自我調節。這種能力是從與他人的互動中逐步建立的，而不是天生就有的。」

Alice沉默片刻，然後抬頭望著 Dr. Emma，眼中閃爍著理解的光芒：「原來如此。每一個『自我』，其實都是在他人的陪伴與回應中慢慢形成的，對嗎？」

Dr. Emma微笑著點頭：「對呀，我們每個人都是如此成長的。」

嬰兒成長的故事

這天 Dr. Mary到訪 Alice，順便看看嬰兒。

「寶寶的生理系統就像一棵幼苗，脆弱不堪。」Dr. Mary對 Alice解釋道：「可能大人認為嬰兒吃得飽穿得暖就行，但一些不良的互動卻可能改變這顆小樹苗的未來。」

Dr. Mary看著焦急的Alice，補充道：「其實你也不需要太擔心，重點是棵樹苗要有足夠的養分和陽光，它的根就能深植，最終長成參天大樹。」

Alice舒了一口氣，她低頭看著嬰兒床裡的寶寶，她還不滿三個月，眼神隨意地掃過周圍，時不時扭動身體，正努力適應這個陌生的世界。

「這就是為什麼早期經歷很重要，」Dr. Mary繼續説道，「尤其是寶寶的壓力反應和情感調節系統，正處於快速成長期。如果他們的環境不穩定，這些系統可能會被錯誤地設定，以至於未來面對壓力或情感波動時無法正常反應。」

「我該怎麼做？」Alice低聲問道。

Dr. Mary笑了笑：「其實，這一切都歸結於簡單的兩件事——『愛與支持』，你們要做的，就是提供一個穩定的環境，讓寶寶感受到安全，學會區分各種情緒，不管快樂還是痛苦。」

「可能你有些意想不到，孩子的情感成長，是認知理性成長的基礎。」Dr. Mary補充。

從簡單的感受開始

最初，嬰兒對世界的理解非常簡單。

只是「舒服」或「不舒服」的區別。他們還沒有能力去體驗細膩的情感變化，也無法理解為什麼哭泣時母親有時會溫柔地擁抱，有時卻冷漠地將他放回嬰兒床。

「你看，寶寶對周圍的一切還處於觀察和適應階段，」醫生指著嬰兒説：「他們逐漸會開始認識到固定的模式，比如，當媽媽進門時，是會帶著微笑走過來，還是只看一眼就轉身離開。這些簡單的經歷構築了嬰兒最初的情感預期，決定了他們在未來會如何面對世界上的人和事物。所以，每一次擁抱和每一句安撫，都在告訴寶寶，這個世界是值得信賴的，還是充滿不確定性的。」Dr. Mary停頓了一下，讓 Alice好好消化這些資訊。

個體差異與互動的故事

這個晚上，Alice看著寶寶，忽然想起了昨晚的情景。那時寶寶不停哭鬧，她怎麼哄都不管用。最後，她無奈地放下寶寶，坐在床邊嘆了口氣：「我是不是哪裡做錯了？」她喃喃自語。

Alice撥了電話給 Dr. Emma。

「沒有人能完美地回應嬰兒的每一個需求。」Dr. Emma像是看穿了她的心事，「有些嬰兒天生敏感，對周圍的反應強烈；有些則相對鈍感，容易適應環境。」

「那我的寶寶是哪一種？」Alice輕聲問道。

「這是一個很好的問題。其實，孩子的氣質是一種天生的情緒和行為傾向，每個孩子對新環境和新事物的反應都不同。心理學家把嬰幼兒的氣質分為三種類型：容易型、困難型和慢熱型。我們逐一看看這些類型，或許能幫你更好地了解你的孩子。」

「容易型的孩子是什麼樣的？」Alice問。

「容易型的孩子通常情緒穩定、開朗愉快。他們的作息很規律，吃飯和睡覺都不讓父母操心。比方說，一個容易型的孩子第一天去托兒所，就能很快融入環境，和其他孩子玩得開心。他們在成長過程中也更容易建立良好的社交關係。」

「聽起來很輕鬆，父母應該很幸福吧？」Alice說。

「的確是的，但有時這類孩子因為表現得太乖，反而容易被忽略。父母可能覺得他們不需要太多關注，因此忽略了孩子的情感需求。所以，即使你的孩子是這種容易型，也需要你留意他的情緒變化。」

「那麼困難型的孩子呢？他們是怎樣的？」Alice又問。

「困難型的孩子情緒敏感，容易哭鬧，並且作息不規律。他們對新環境非常挑剔，需要較長的時間適應。比方說，有一位孩子搬家後連續好幾天都睡不著，哭鬧不停，甚至拒絕吃飯。這類孩子需要父母更多的耐心和情緒支持，幫助他們建立安全感。」Dr. Emma説。

「聽起來確實很不容易啊。」Alice説。

「是的，但當父母給予他們足夠的情緒安撫後，這些孩子也會逐漸找到自己的節奏，表現出更積極的一面。」Dr. Emma説。

「慢熱型的孩子又是怎樣的？」Alice又問。

「慢熱型的孩子對新事物的反應比較慢。剛開始面對陌生環境時，他們會顯得猶豫，甚至退縮。但隨著時間過去，他們能逐漸適應。例如，有一位慢熱型的孩子剛進幼兒園時，總是躲在角落裡不敢參與活動，但幾天後，他慢慢融入班級，開始和同學玩耍。對這類孩子，父母需要給予足夠的時間和空間來適應，而不是急於讓他們立即改變。」Dr. Emma説。

「所以，孩子的氣質不管是怎樣，都需要父母以不同的方式應對？」Alice問。

「沒錯。氣質沒有好壞之分，重要的是父母需要根據孩子的特點來調整教養方式。容易型的孩子需要關注情感需求，避免因為他們乖巧而忽視他們。困難型的孩子則需要更多的耐心和支持，慢慢引導他們適應環境。至於慢熱型的孩子，則需要更多的鼓勵和時間來適應變化。」Dr. Emma説。

「原來如此！我明白了，這樣我就能更好地了解和應對孩子的情緒和行為了。」Alice説

「是的，理解孩子的氣質不僅能幫助他們更健康地成長，還能促進親子關係，使教養過程更順利和愉快。只要你願意花心思去觀察和調整，相信你和孩子的相處會變得更輕鬆。

至於你的孩子，妳可能要自己去摸索答案。有些敏感的母親，如果

育有一個精力旺盛、對外界刺激反應激烈的寶寶，可能會覺得這孩子很難帶。反過來説，如果這個寶寶恰好很溫和，母親可能會覺得孩子非常好相處。」Dr. Emma説。「這就是親子相容性。」

Alice靈機一觸：「所以，不只是我在了解他，他也在了解我。」

「聰明！」Dr. Emma點頭，「你們在進行一種雙向的互動，一場情感上的舞蹈。寶寶用他的方式回應妳的行為，而妳的反應又會影響他的情感模式。這種互動不僅決定了他未來的情感世界，也塑造了你作為母親的經歷。」

Alice緩緩點頭，看著寶寶的眼神變得柔和。她輕輕撫摸著寶寶的額頭，低聲説道：「那麼，我們一起來跳這支舞吧。」寶寶似乎感受到了什麼，安靜地看著母親，嘴角微微上揚，好像回應她的承諾。

這時，Dr. Emma微笑著説：「記住，你和寶寶的

主觀感受：安全感、溫暖、愛的感覺

觸覺感知的調節：由催產素等荷爾蒙／神經內分泌因子影響。

體感信息處理：帶來安全感的感受

心率變化：由副交感神經激活引起

心率變化：由副交感神經激活引起

接觸壓力感知：父母手臂與嬰兒背部的皮膚接觸壓力

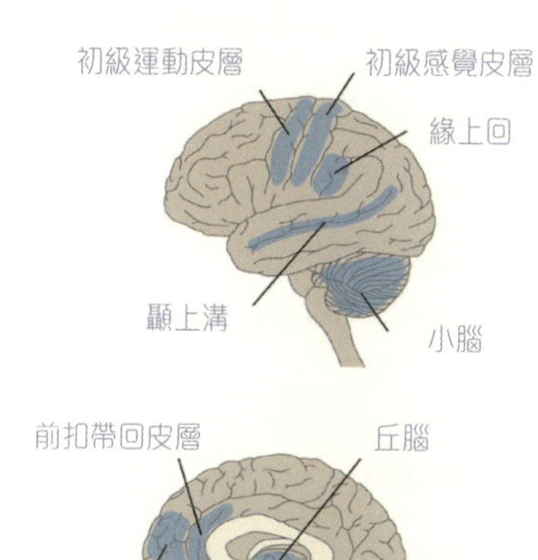

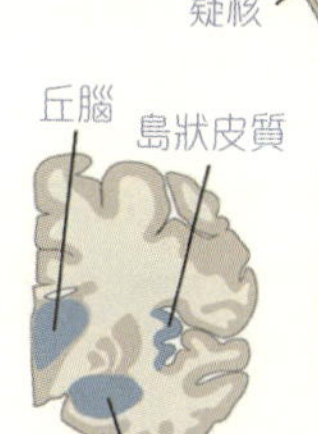

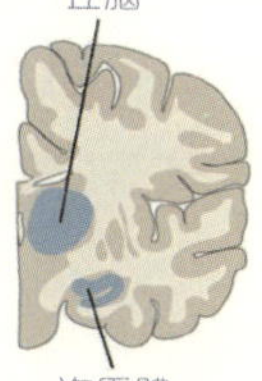

每一次互動，都是一塊建構情感世界的積木。慢慢來，你們會一起搭建出最穩固的基石。這支舞可以是馬拉松式的。兩人的關係難免會有破裂，最重要的是修補。這個修補破裂的過程也是一種學習。」

研究顯示，嬰兒的發展結果更多取決於父母的照料方式，而非嬰兒本身的性格特質。即使是那些被認為難以照顧、易怒的嬰兒，只要父母能夠適應他們的需求並給予回應性照顧，他們依然能夠健康成長。

其實，所謂的「難養」嬰兒，並非天生就難以相處。學者指出，這樣的標籤很大程度上來自於父母的感知和回應。

「我受不了兒子的哭鬧，我要求兒科醫生處方了令他安睡的藥。」我暴躁地把藥包扔給丈夫。

「你是不是瘋了？」丈夫問我。

「我要把這些藥丟掉，孩子今晚就睡在我懷中。」兒子的傭人姐姐說。

這位傭人姐姐一直在家中看着兒子成長。兒子把她當成「奶娘」。

嬰兒與父母的情感互動：關鍵在於回應

嬰兒的反應風格是在生命的第一年逐漸形成的，這反映了他們與周圍環境的互動。換句話說，如果一個嬰兒表現出困難的氣質，往往與父母情感上的缺乏有關，但這並不意味著未來的發展一定會受阻。關鍵在於父母能否理解並適應嬰兒的需求，否則這些敏感的嬰兒可能會面臨更多成長挑戰。

從嬰兒的角度來看，有時是父母的行為顯得「難以相處」。常見的兩類父母是「忽視型」和「干涉型」。「忽視型父母」如抑鬱的母親，通常無法有效回應嬰兒的需求。他們對嬰兒表現冷漠，幾乎不與孩子進行眼神交流，除了餵養和清潔外，少有親密互動。這類嬰兒也會變得抑鬱，缺乏積極情感，並可能在幼年期表現出較差的認知能力和不安全依附。

「干涉型父母」則是那些外表積極但實則缺乏敏感度的照護者。這些父母有時自己也面臨抑鬱，但情緒表現更多是憤怒或敵意。他們可能以僵硬或突然的動作抱起孩子，表面上積極參與，但其實很少真正理解嬰兒的需要，甚至干擾孩子的自主性。如果這種情緒持續未能調整，可能會演變為虐待行為，導致孩子形成迴避型、焦慮型或無序型的依附關係，對情感發展產生長期影響。

幸運的是，大多數父母能夠本能地給予寶寶足夠的關心與敏感度，保障孩子的情感安全。嬰兒無法自行調節情緒，他們只能通過吮吸手指或轉頭逃避等方式來自我安撫。因此，父母的及時回應至關重要。當父母能準確察覺並調節嬰兒的情緒時，就為孩子建立了穩固的情感基礎，幫助他們更順利地面對未來的挑戰。

早期監護的挑戰

現代社會許多女性努力在職場上與男性平起平坐，不希望因托育而感到內疚。然而，當母親無法「完美」兼顧工作與育兒時，是否應該受到責備，這成為一個常見的難題。職場母親經常在繁忙的工作與家庭責任間疲於奔命，而全職母親則容易因缺乏社交支持和成人互動感到孤立，甚至陷入抑鬱。女性往往希望在事業和家庭間找到平衡，但現實中卻很難兩全。

嬰兒在生命早期高度依賴母親，不僅需要母乳來提供營養和免疫保護，更需要通過母親的觸碰和擁抱來調節心跳、血壓，緩解情緒壓力。母親的陪伴能促進生長激素分泌和肌肉發展，這些基本的生理調節對於嬰兒的健康成長至關重要。父母的角色不僅是提供愛與情感上的連結，更為孩子在早期無法自理的生理需求提供支持。這些愛和支持就像一個無形的「子宮」，幫助嬰兒逐漸適應並健康成長。因此，無論選擇事業還是全心育兒，父母都應基於對嬰兒需求的理解，做出符合家庭和孩子最佳利益的決定。

嬰兒的早期調節與母親的角色——
Alice的告白：我是新手媽媽

「當我第一次抱起她時，我才體會到嬰兒有多麼脆弱。」我低聲自語。她似乎無法自行調節一切，對外面的世界毫無防備。

每天，我就像她的「人形子宮」一樣，處理著她的所有需要：每隔三小時餵一次奶。奶水經過她的小身體流轉後，變成了她發育所需的能量，而多餘的就排出來。我得每隔一天幫她清洗身體，仔細地換上乾淨的衣服，確保她的肌膚沒有受到任何刺激。這成了我日常生活的一部分，像是對我新生的職責一樣。

「真的是我在照顧她，還是她在掌控我？」當她哭鬧不休，我會抱著她輕輕走動，安撫著她，也安撫自己內心的焦慮。我有時覺見自己是她的「扯線公仔」，每當她皺起眉頭、露出不安的神情時，我都感同身受，彷彿她的不適就是我的不安。

「你餓了嗎？」我明知她不會回答，只會哇哇大哭。我輕輕拍著她的背，她還無法理解這個世界，但我知道，我得去解讀她發出的每一個信號：一聲哭泣、一個扭動，甚至是一個微微的皺眉。

「好啦，媽媽在這裡呢。」我放柔了聲音，唱著催眠曲，讓她慢慢地放鬆下來，甚至睡著了。可恨的是只要我試著把她放到床上，但她立刻醒了，繼續大哭。

看來，這一晚，我要抱著她一起睡。

「這樣下去，我什麼時候才能擺脫這種情況？

「我有時疲憊得幾乎崩潰。」我說。現在的我生活節奏全是跟著她的，這好像是一種奴役，因為我無法自由離開。

「我不再只是我自己，而是被綁定在這個小生命旁邊，被她牽著走！」

「為什麼是我來做這一切？任何人都可以這樣餵奶、換尿布。」我偶爾會反問自己。但隨即，一種奇妙的感覺又湧上心頭。當我看著她的小臉，感受她氣息的韻律與我一致，那種與生俱來的連結感讓我明白，我是她的母親，我更容易與她產生這種情感上的共鳴。

我不自覺地笑起來，對著她說：「寶寶，媽媽可笑嗎？」她對著我的眼神閃爍，像是對我笑了回來。我用這樣的方式與她交流，讓她感到安心，讓她在這個世界上找到一點熟悉的依靠。

「媽媽懂你的意思。」我低語，然後把她輕輕地抱起來。每當她因為過度興奮或哭鬧不休時，我都會放慢動作，放低聲音，像是在唱安靜的搖籃曲，直到她漸漸回到平靜的狀態。

這一切都是我們之間的無聲的默契和交流。我輕輕撫摸她，感受她的緊張消退。她困倦時，我會用微笑和柔軟的話語喚醒她的興致。當她興奮過度時，我會慢慢引導她，使她回復平靜。

母親的調節之旅：愛、情感與平衡的藝術

這天，Alice要看醫生，順道探訪 Dr. Emma。

「我逐漸明白，成為母親不僅是照顧孩子，更是一種互相調節。」Alice說。

「對，這種調節建立在愛與關懷之上，讓孩子在陌生的世界裡找到安全感。通過這樣的互動，我們不僅建立了深刻的情感聯結，也讓孩

子慢慢學會如何調節自己的情緒，找到自己的平衡點。」Dr. Emma說。

Dr. Emma停頓了一下，然後繼續說：「但並不是所有照顧者都能成功共情。那些無法處理自己情緒的人，常常會把這些困難無意識地傳遞給孩子。缺乏情感調節能力的嬰兒長大後可能會迷失，不懂如何管理情緒，甚至對情感產生抗拒。從小得不到關懷的孩子，可能終其一生都在尋找失落的情感聯結。」

「嬰兒非常敏感，他們比你想像中更懂得捕捉隱形的情緒線索。」

她接著說：「即使父母說的話不多，他們的行為模式也會影響孩子。例如，如果父母能及時回應孩子的需求，孩子會形成穩定的情感預期，知道當他哭泣時，母親會抱起他；當她拿出外套時，他彷彿聞到了新鮮空氣，明白即將出門。

這些細微的互動模式，心理學家 John Bowlby稱之為『內在工作模型』，它深刻地影響孩子的情感發展。」

Dr. Emma指著桌上的資料繼續說：「如果父母忽視孩子的情感需求，孩子可能會形成『迴避型依附』，將自己的情緒封閉起來，以避免受傷。然而，這些情感並不會真正消失。研究發現，這類孩子看似冷靜，但心率和神經系統卻高度亢奮。另一方面，有些孩子會過度表達情緒，形成『抵抗型依附』，情緒如洩洪般無法控制。」

她補充道：「這些情感反應不僅影響孩子的心理發展，也與生理節律密切相關。我們的心跳、呼吸、血壓等內部節律，與我們的情感調節相互影響。當人際間的情感互動順暢時，我們更能建立起親密關係，達到所謂的『心理生物調諧』。」

最後，Dr. Emma微微一笑：「情感調節是一場漫長的旅程，而這場旅程不僅取決於父母的教養方式，也受到社會文化的影響。例如，強調自我控制的時代可能培養出受控的人格，而更鼓勵表達情感的社會則讓孩子擁有更寬容的心態。無論潮流如何變遷，父母能給予孩子的最珍貴的禮物，就是教會他們如何感受、理解和調節自己的情緒。」

情感作為信號的力量：一場隨時變動的舞蹈

情緒不僅是「控制或不控制」，而是一種信號，提醒我們該採取行動去維護關係。當母親離開房間，孩子因焦慮呼喚她，這不但能保持親密感，也保障了孩子的安全。同樣地，微笑傳遞愉快，增強親子連結；而憤怒則提醒問題需要立即解決。這些情感信號，就像飢餓或口渴一樣，驅動我們行動，維持心理與生理的平衡。

如何看待情緒至關重要。如果情緒被視為需要抑制的危險，它會引發壓力和恐懼。但若將情緒視為指引自己和理解他人的工具，我們就能坦然地面對感受，建立起更強的信任感。這種信任能讓我們在情緒波動時停下來思考，而非衝動行事。

從嬰兒時期起，我們就擁有這種天生的情感交流能力。想像父母與寶寶面對面互動，他們彼此模仿對方的動作和聲音，彷彿在跳一場即興舞蹈。當寶寶開始探索世界時，他們仍然回頭看父母，尋求「是否可以繼續」的線索。這種互動就是嬰兒學習如何在社會中行動的基礎。

隨著年齡增長，我們的情感調節能力愈加精細。當我們觀察他人的表情或聆聽語調，大腦會自動解讀對方的情緒。我們甚至能「共享」他人的感受，這就是為何看到他人悲傷時，我們也會不自覺地產生共鳴。

嬰兒研究者比阿特麗斯· 比比（Beatrice Beebe）說：「我改變了你，你也改變了我。」情感調節是一場互相影響的舞蹈，我們的情緒彼此交織，持續變化。這種深層的互動甚至能改變大腦結構，揭示了情感力量的真正奧秘。

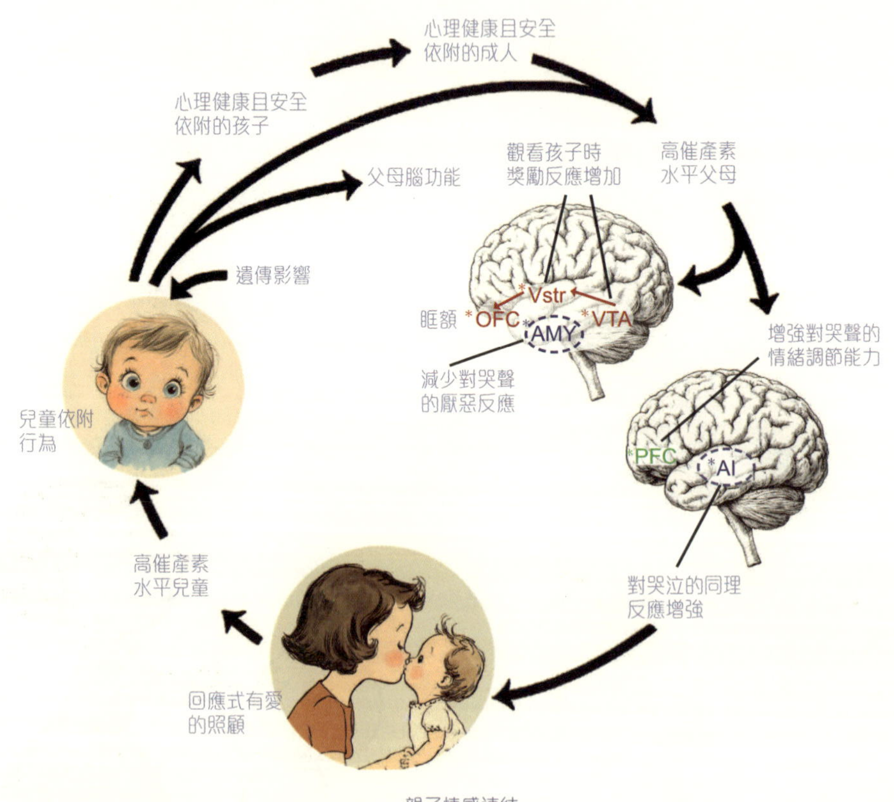

親子情感連結

* OFC - Obitofrontal cortex
* Vstr - Ventral striatum
* VTA - Ventral tagmental area
* AMY- Amygdala
* PFC - Prefrontal cortex
* AI- Anterior insula

第二章

基礎不牢及其後果

「所以，凡聽見我這話就去行的，好比一個聰明人，把房子蓋在磐石上。」聖經：馬太福音

這天 Dr. Mary和 Dr. Emma在 Alice的家中，討論嬰兒的「大腦發展」。

「Alice，看到你的寶寶，感覺就是等待著見證她大腦一步步的建構！」

「你們感興趣的，竟然不是購物美容，而是我寶寶的大腦發展！」Alice大笑起來。

這時候，Alice家中的貓走過來，跳在桌子上。

「想像一下，貓兒吃完早餐後在陽光下懶洋洋地伸展，悠然自得，突然……來了一隻大狗！」

Dr. Emma插話：「然後貓就馬上跳起來，躲起來，或者豎起毛嘶嘶叫，嚇唬那條狗。」

Dr. Mary點頭：「對，這是動物的『核心大腦』在運作，所有生物都本能地保護自己。」

Alice説：「所以，即使沒有語言，貓也知道如何活下去。」

Dr. Emma：「這其實跟嬰兒很像。新生兒一出生，雖然沒有語言，但他們已經具備基本的大腦系統。像是呼吸、追視移動的物體、哭喊引起注意，甚至有能力在面對危險時『僵住』。」

Dr. Mary繼續補充：「而且，從第一天起，他們就對人臉有特別的興趣，還會模仿父母的面部表情。」

Alice微笑：「所以，嬰兒從一出生就表現出社交的天性，比其他哺乳動物都更依賴互動。」

Dr. Emma：「正是這種互動，讓人類與其他動物區分開來。我們不僅僅是生存，還依靠彼此來成長。」

Alice自嘲地笑：「嗯，那麼我家的貓應該沒這麼複雜，他追逐老鼠純粹是出於獵食本能，不是為了社交吧？」

Dr. Mary打趣：「這可説不定呢，也許他是在邀請那隻老鼠一起玩個『捉迷藏』。」

. . .

三人一起笑了起來，陽光透過窗戶灑在桌上。

Dr. Emma繼續解釋：「我們一出生，就擁有一個基本的大腦，確保身體能正常運作。像腦幹和感覺運動皮層這些古老的結構，特別活躍，幫助新生兒調節內部系統，適應外部環境。」

Dr. Mary點頭：「所以，嬰兒不僅能自我調節，還懂得透過情緒反應來應對外界刺激，比如轉頭避免壓力或僵住面對威脅。」

Alice思索著：「這解釋了為什麼恐懼是我們最早掌握的情緒。我們的大腦從一開始就確保我們要遠離危險。」

Dr. Emma説：「對，這和看到像蛇的樹枝時會跳開一樣。恐懼反應總是先於理性思考。」

Dr. Mary補充：「雖然這些反應是自動的，但我們的記憶和經驗也會影響。如果你小時候被一個聲音尖鋭的保姆嚇到，長大後可能還會無意識地害怕類似的聲音。」

Alice微微皺眉：「這種反應像是無形的咒語，深植在我們的潛意識裡。」

Dr. Emma：「沒錯，我們的大腦用這些經驗幫助我們決定該靠近還是遠離某些情境——說到底，這就是生存的核心：避開危險，追求安全。」

．．．

三人陷入短暫的沈默，彷彿在回味這些潛藏於大腦深處的生存本能，感受著人類與生俱來的情緒之旅。

「大家一起吃點芝士蛋糕吧，還有這紅茶，超香！」Alice說。

「所以，恐懼和憤怒雖然有用，但 Turner說，靠這些情緒可沒法過社交生活。」Alice唸過心理學一段短時間。

Dr. Emma點頭：「嗯，貓靠嘶叫去保護地盤，這樣做對牠們有效，但對我們人類來說，得用更複雜的情感來處理關係。」

Dr. Mary：「沒錯！我們需要的可不僅是『跑或打』的本能，我們得學會悲傷、羞愧和內疚，這些情緒幫助我們約束自己，讓大家能和平共處。」

Alice又笑了起來，跟這兩位醫生好朋進行這些「成人對話」，令她想起以前在大學做研究的日子：「還有愛、快樂和幸福能把人和人緊緊連在一起。就像我們仨！」

Dr. Emma：「隨著情感越來越複雜，大腦也越來越多層次。就像Paul D. MacLean的『三重腦假說』：爬行腦、情感腦，再加上新皮層。」

Dr. Mary打趣說：「我們的腦袋就像一座老農舍，一層一層地拼湊起來，最底下還藏著一個古老的『工具棚』──那就是我們最原始的爬行腦。」

Alice大聲笑起來：「所以，當我在會議上假裝冷靜，其實是內心的『工具棚』在吵著要逃跑？」

Dr. Emma也笑著說：「差不多吧！前額葉皮層就是負責讓你別跑，想著替代方案。」

三人哈哈大笑。

「我可不可以吃多一塊蛋糕？」Dr. Emma問。

「你越來越胖了！你要想想是否應該吃多一塊！」Dr. Mary揶揄。

她接著說：「Turner認為，我們的理性和語言，其實源於我們豐富的情感。隨著情感變得更複雜，我們需要更多選擇和思考，這促進了大腦皮層，特別是前額葉皮層的發展。」

Dr. Emma：「對，眶額皮層就是其中的關鍵部分。它連接情感和感官系統，幫助我們解讀社交線索。如果這部分受損，人可能會變得冷漠，甚至無法與人正常互動。」

Alice挑眉：「我是研究經濟的，關於大腦和行為的想法，不知有沒有錯。如果有人突然對社交規則毫無反應，可能是這部分出了問題？」

Dr. Emma笑：「有可能。這部分的功能對情商非常重要──同理心、情緒管理，還有感受美和快樂的能力，都在這裡處理。」

Dr. Mary補充：「特別是在右腦。嬰兒期右腦佔主導，負責整體感覺和情感反應，還與愉悅和獎勵系統密切相關。」

Alice開玩笑：「所以當我吃到好吃的東西，開心到不行，這是我的眶額皮層在慶祝？孩子喝飽奶，給逗笑了，是她的眶額皮層在唱歌？」

Dr. Emma笑著點頭：「沒錯！而且它還幫你控制情緒反應，不讓你把所有快樂都表現在臉上。」

三人同時嚷著：「好了，『爬行腦』大嚷：我們餓了，要吃飯了！」

三個死黨在餐廳吃了午飯後，意猶未盡，繼續回到Alice的家中談天。

Alice還為她們調製了咖啡，因為她還要哺餵女兒，所以只喝暖水。

Dr. Emma笑著：「當我們面對分離的痛苦或羞愧感時，其實是大腦在進行『內部拉鋸戰』。杏仁體和下丘腦會自動觸發強烈的情緒，而前額葉皮層，特別是眶額皮層，則像一個『監管者』，負責抑制或放行這些情緒。」

Dr. Mary：「比如當你超級生氣想發火，眶額皮層會跳出來提醒你：『這樣做不合適！』幫你冷靜下來，避免衝動。」

Alice一邊抱著女兒，一邊問：「所以這是我的『理智開關』，還能關掉恐懼和過度反應。」

Dr. Emma：「沒錯！ LeDoux説，那些『快速又粗糙』的情緒反應，需要眶額皮層來『微調』，讓我們更成熟地應對。」

Dr. Mary：「爬行腦絕對不會孤軍作戰，它需要深層大腦的參與，才能真正發揮作用。只靠前額葉皮層是搞不定所有情緒的。」

Alice機智地回應：「聽起來它就像大腦的『調音師』，幫忙控制音量，別讓情緒失控。」

Dr. Emma笑起來：「正是如此！過去有些人覺得只要理性大腦就夠了，其實這部分與情緒中心的連接同樣重要。」

．．．

「Alice你的角色好重要，你的出現，令 Dr. Emma和我出現了微妙的平衡，就如在大腦的情緒和理智之間找到了一個新視角，也明白了為什麼有時候衝動和冷靜都需要一點『調音』。」Dr. Mary説。

Alice看著懷中的女兒，仿似發現新大陸地説：「你知道嗎？人類一開始時其實沒什麼社交能力。嬰兒根本不懂你為什麼生氣，更不會因為想討你開心而乖乖把奶吃完。」

Dr. Emma笑著説：「對啊，有些爸媽還會打孩子，希望他別哭，但那根本沒用，因為寶寶的大腦還沒發展到能控制情緒的程度。」

Dr. Mary：「沒錯！額葉皮層，也就是我們思考和控制行為的地方，出生後才開始慢慢發育，要等到幼兒期才成熟。」

Alice笑著搖頭：「所以，期待嬰兒懂事，就像是在按沒裝電池的機器的按鈕。對嗎，女兒？」説着又親了女兒一下。

Dr. Emma：對：「這些能力需要時間培養，不是天生就會的。」

．．．

「説起來簡單，育兒的真理是對嬰兒耐心一點，因為大腦需要時間『安裝系統』。」Alice望著女兒又笑起來。

Dr. Mary：「耐心等待嬰兒自己長出額葉皮層？沒這麼簡單啊！大腦發展是靠跟他人的互動塑造出來的。」

Dr. Emma：「沒錯！研究顯示，大腦的成長非常依賴經驗。每個寶寶的大腦都在適應他所處的環境，這是進化讓我們能融入不同文化的方式。」

Dr. Mary笑：「Alice要記住，與其狂塞『閃卡』給寶寶，不如多抱抱她，跟她多些互動，玩玩捉迷藏、數數手指腳趾，享受親密的時光。這才是她真正需要的。」

Alice：「明白了，眶額皮層，也就是控制情緒和社交能力的部分，靠的就是這種親密互動來發展。」

Dr. Emma補充：「關鍵是要及時。如在三歲前缺乏足夠的社交接觸，發育就會出現問題，可能很難補救。」

Alice説：「就像哈洛的猴子（Harlow's monkey）實驗那樣，被隔離的猴子再也無法正常與同伴互動。」

Dr. Mary回應：「我記得有一份關於羅馬尼亞孤兒的研究也是這樣——那些缺乏親密接觸的孩子，他們的大腦像黑洞一樣，沒有發展出健康的情感區域。」

Dr. Emma點頭：「是啊，這提醒我們，愛和關懷不是可有可無的，而是塑造大腦的基礎。」

三人對視片刻，這份姊妹之情，對她們重要，對孩子更為重要。愛與關懷的深刻力量，不僅滋養心靈，也在悄悄塑造著個人未來的能力。

Alice感嘆：「女兒啊，你不是靠自己就能發育出額眶皮層的，我們跟妳的互動，就是你日後情緒調節和發展社交能力的關鍵。」

Dr. Emma點頭：「像美國 Genie Wiley的案例就是個悲劇。這個案件發生在多年之前，轟動一時。她從小被父親隔離在房間裡，13歲才被救出來，那時她不會説話，也無法正常互動。Genie之後可以説單字，但不會正常語言，因為語言包含文法。Genie也不能跟人好好相處，她鬧情緒時就把頭靠在牆上，不停抖動她的手腳。」

Dr. Mary：「聽說她被綁在兒童椅上，屋子裡都是便溺。她甚至因害怕而遏抑了所有情緒，連生氣時都只能攻擊自己。」

Alice難過地：「她一定很想建立親密關係，但錯過了童年的關鍵期，之後一直都沒能成功。這說明人類嬰兒必須被邀請進入社交世界，靠愛與互動來成長。」

Dr. Emma微笑：「是啊，讓嬰兒感到與人互動是愉快的，這是發展前額葉皮層的第一步。我發現，如果看到媽媽和寶寶在一起時開心，那就沒什麼大問題需要擔心。」

Alice：「因為這些愉快的時光，不知不覺間就在塑造嬰兒的自我調節和社交能力。所以，育兒的秘訣其實就是多抱抱、多玩玩！」

Dr. Emma點頭：「不過，這套系統也很脆弱，例如媽媽生病、抑鬱或有其他困擾，育兒的親密互動就變得困難。如果父母缺乏支持，可能會失衡。幸運的是，適時的幫助能讓一切重回正軌。」

．．．

「愛和陪伴對嬰兒成長的巨大作用，社交互動就是在日常點滴中構建出健康的大腦。」

Dr. Emma笑著分享：「我之前輔導過一位媽媽莎拉，她是一位非常成功的職業女性，但第一次當媽時卻焦慮到不行。她對自己要求超高，可是哺乳弄得一團糟，跟寶寶的互動也很緊張。」

Alice：「寶寶有什麼反應嗎？」

Dr. Emma：「小傢伙一臉呆滯，在媽媽靠近時轉頭不理她。莎拉甚至坦白說，有時候她經過窗戶時會幻想把寶寶丟下去。她的壓力真是山大。」

Dr. Mary皺眉：「這聽起來不妙啊。」

Dr. Emma笑：「好在，一切很快開始好轉。我教她放輕鬆，讓寶寶來引導她，去讀懂寶寶的需求。過了幾週，莎拉和寶寶都慢慢放鬆下來。」

Alice：「後來呢？」

Dr. Emma：「過不了多久，莎拉臉上開始露出笑容，還帶著滿滿的愛逗寶寶玩。寶寶也回報以笑容，兩人之間的互動變得溫馨愉快。育兒中的挫折與快樂並存，有時放輕鬆，跟隨孩子的節奏，就是通向幸福的關鍵。」

．．．

Dr. Mary笑著說：「你知道嗎，嬰兒最早的快樂來自嗅覺、觸覺和聽覺？他們從一出生就認得父母的聲音，特別喜歡聽。」

Alice：「比吃奶還重要？」

Dr. Mary：「對啊！被溫柔擁抱才是最強大的安慰，甚至比母乳喂養還更重要。聖母與聖嬰的形象會成為文化象徵，不是沒道理。」

Dr. Mary點頭：「被父母抱著時，寶寶的肌肉放鬆，呼吸變深，心率還會跟父母同步。如果爸媽放鬆，寶寶也會放鬆。」

Dr. Emma微笑：「是『擁抱療法』啊。」

Alice：「沒錯，Olaf Olafsson的電影《觸碰》有個場景特別感人。一個精神病患者情緒崩潰，但醫生握住他的手後，他馬上冷靜下來，能專注與醫生交流。」

Dr. Mary：「這種觸覺的力量一直延續到成年。我們會用擁抱安慰失落的人，伴侶用親密行為表達愛，按摩也能釋放壓力。」

三人摟在一起，展示擁抱和觸碰的力量——不僅能讓寶寶安心，也能在成年後帶來心靈的慰藉。

微笑的力量

那天 Dr. Emma剛剛完成了一個研討會，路經 Alice的家，順便探望一下她和寶寶。

Dr. Emma買了一包葡萄到訪。Alice著傭人把葡萄洗乾淨，放在餐桌上一起吃。

Dr. Emma抱著新生的小寶寶，微笑著對Alice說：「妳看，她專心地看著我，已經會看人臉了。」

疲憊的 Alice滿足地笑著：「真神奇，她這麼小就會這樣。」

Dr. Emma輕輕點頭：「是啊，這種能力是天生的。連新生兒都會對人臉特別敏感，這就是為什麼她現在會盯著妳看。等她再長大一點，妳的表情對她來說就更重要了。」

Alice好奇地問：「怎麼說？」

Dr. Emma笑了笑：「她會開始從妳的表情和眼神學習——什麼時候安全，什麼時候不該靠近，這叫『社會參照』。像我們祖先在草原上，需要用表情和肢體語言來靜默溝通，以免吸引掠食者。」

「妳的笑容能給她安全感，讓她知道這個世界是溫暖的。」兩人相視一笑，這份無聲的交流也是她們友誼的證明。

Alice抱著女兒，輕輕搖晃著：「聽完 Dr. Emma姨姨的解釋，現在我笑得越多，你的腦袋就越快長得好了！」

Dr. Emma笑了：「可以這麼說。其實不只是笑，所有愉悅的互動都在幫助她的大腦發展。當她看到你的目光、表情，甚至你撫摸她的手時，這些都是在搭建她腦內的神經網絡。」

Alice低頭看著女兒，她的小眼睛正專注地望著自己。「她是不是在分析我的表情？」Alice調皮地問。

Dr. Emma點點頭：「沒錯。這就是她用來理解世界的方式。從妳的笑容中，她學會安心；從妳的表情，她判斷什麼情況安全。這就是為什麼六到十二個月的時候，親子互動這麼重要，因為這時候突觸連接增長最快。」

Alice輕輕捏了捏女兒的小手：「我不能時刻都笑，那如果我累了沒笑，她會怎麼辦？」

Dr. Emma笑著拍拍 Alice的肩膀：「別擔心，妳不用每天笑不停。只要妳和她保持聯繫，哪怕是簡單的眼神接觸，她都能感受到妳的愛。重點在於一致性和關注，而不是強迫自己保持完美。」

Alice若有所思地點點頭，然後低下頭對女兒笑了笑。小寶寶回以一個微妙的表情，好像也明白了什麼似的。

Dr. Emma看著這一幕，感慨地說：「看吧，她的社會大腦已經在運作了。再過幾個月，她就會開始用更多表情來回應妳，到時候妳會更驚訝的。」

Alice笑著看向 Dr. Emma：「我等不及想看到她第一次真正地笑呢。」

Dr. Emma莞爾：「那個笑容，一定會成為妳這輩子最珍貴的瞬間。」

大腦成長的奧秘

人類嬰兒的發展水平在出生時，相當於其他動物在子宮內的階段，但出生後的大腦成長卻高度依賴社會互動。這種延長的依賴性促進了照顧者和孩子之間的親密連結，並刺激大腦快速建立神經連接。然而，這種高速發展的黃金期一生只有一次。

有趣的是，即便成年後，連結仍能繼續發展。愛因斯坦的大腦就是個好例子。研究發現，他的大腦頂葉比常人寬了 15%。這部分負責數學推理和空間思維，證明了使用得越多，大腦就越強大。反之，不使用則會讓神經元萎縮，就像不鍛鍊的肌肉一樣，最終失去活力。

這天，Alice和 Dr. Mary相約聽完 Dr. Emma的演講後，一起吃飯。

Alice邊切牛排邊說：「Dr. Emma的演講真有意思！原來嬰兒的大腦就是個『預期機器』。」

Dr. Mary微笑著點頭：「是啊。其實人類大腦在出生前幾年很忙碌，像在建設高速公路——不停地建立神經連接，然後用經驗來『修改』那些不常用的。」

Alice笑道：「所以，寶寶每天經歷的重複小事，像爸爸抱起來親她鼻子，真有那麼重要？」

Dr. Mary挑眉：「當然！這些重複行為會建立預期。她會覺得『這就是爸爸的風格』。但如果換尿布時總是粗魯對待，她可能會覺得那是一件不好的事。」

Alice感嘆：「所以，養孩子不只是照顧他們，而是在塑造他們對世界的認知啊！」

Dr. Mary笑著說：「沒錯，這些經歷幫助他們分類生活中的各種事件，好像在建『感情圖鑑』一樣。」

Alice靠在椅背上，笑著說：「所以，現在她其實是我的小導航員，用她的微笑告訴我，我做得好不好？」

Dr. Mary點頭：「妳說對了！每個笑容和皺眉都是她學習和回應的方式。她現在正忙著建構她的世界，而妳是她的導師。」

Alice感慨：「聽起來很美好，但也有點嚇人。」

Dr. Mary輕拍她的肩膀：「別擔心，妳做得比妳想像中還要好。」

Alice邊吃邊問：「那麼，一些偶爾的負面經歷也沒那麼糟？」

Dr. Mary笑著說：「是啊，除非是非常強烈的創傷，否則多數不會留下深刻印象。只有像恐懼或憤怒那樣強烈的情緒，才會被記錄在杏仁體裡，讓我們在遇到危險時能迅速反應。」

Alice挑眉：「那如果嬰兒時經常缺乏愛的互動呢？是不是大腦就會只記得負面的反應？」

Dr. Mary點點頭：「沒錯，前額葉皮層需要和杏仁體建立穩定的連接，才能幫助我們控制那些過激反應。如果這些連接沒被鞏固，就容易焦慮或恐懼。」

Alice微微皺眉：「有辦法改變嗎？還是只能接受？」

Dr. Mary笑道：「幸好我們的大腦靈活得很。前額葉皮層就像一個『暫停按鈕』，能讓我們停下來思考：『這情況真的那麼糟嗎？』」她指了指腦袋，「這是為什麼我們能反思過去的經歷，調整對未來的期待。」

Alice開玩笑地說：「所以，就算我女兒對換尿布有陰影，她長大後也可以想通，這其實沒什麼？」

Dr. Mary笑出聲：「沒錯，這就是前額葉皮層的魔力。它幫我們抑制不必要的情緒反應，讓我們能更理智地應對未來的挑戰。」

Alice放下叉子，感慨地說：「大腦真是一個神奇的導航員。」

Dr. Mary點頭：「而且最棒的是，我們隨時都能更新導航路徑。」

Alice喝了口飲料，問：「所以，寶寶現在就像個小相機，在捕捉我所有的表情？」

Dr. Mary點頭：「沒錯。一開始像『快拍』，但隨著時間和互動重複，這些瞬間會變成深刻的情感記憶。那些圖像就像內心的導航，讓她在面對不同情況時有個依靠。」

Alice笑著說：「我每天笑著對她，應該會存下很多好的圖像吧？」

Dr. Mary笑了：「對啊，這些積極記憶能幫助她在未來學會自我安撫。即使妳不在身邊，她也能回想起這些瞬間，讓自己平靜下來。」

Alice放下餐具，若有所思地問：「如果她有不好的經歷呢？」

Dr. Mary點了點頭：「不好的記憶也會留在大腦裡，尤其是那種強烈的負面表情，會激發皮質醇的分泌，抑制她大腦中的愉悅感。這就是為什麼孩子這麼依賴父母的情感支持，缺乏這種支持會讓他們焦慮不安。」

Alice嘆了口氣：「聽起來養孩子真的不容易。只要一個眼神沒給好，她就可能記住負面的情緒。」

Dr. Mary安慰地說：「不用太擔心啦。研究發現，只要有一個敏感且情感上可互動的成年人在，孩子就不容易受到母親不在場的影響。」她笑著補充：「所以，就算妳偶爾需要離開，只要有人能好好照顧她，她的情緒也會穩定。

「我寶寶四個月大，我到英國參加學術會議，回家時我媽媽抱著他，他在婆婆懷中睡得不知多香甜。」

Alice鬆了口氣，笑著說：「看來，找到好保姆比我想像中更重要。」

Dr. Mary眨了眨眼：「或者，讓妳老公多練練他的『溫柔眼神』。」兩人都笑了起來。

Dr. Emma：「其實小孩子也需要一點壓力才能發展得好。」

Dr. Mary點頭：「是啊，適量的皮質醇其實有助於大腦成長，特別是幫助前額葉皮層成熟，讓孩子學會控制行為和情緒。」

Alice挑眉：「所以，那些『不要碰！』之類的阻止，對他們其實有幫助？」

Dr. Mary笑道：「對，父母平均每九分鐘就會阻止一次。這其實是在教他們什麼行為是安全的、什麼不行。但對孩子來說，這一切突然變得有點不公平——原本愛他、理解他的父母，現在卻開始冷漠地說『不行』。」

Alice咬了一口麵包，苦笑道：「寶寶一定會覺得世界變得好複雜。」

Dr. Mary點頭：「沒錯。像我們感到羞愧時，那種血壓驟降、呼吸變淺的感覺，就是大腦和副交感神經在快速切換。小孩子也會經歷類似的情緒衝擊，特別是在被父母否定時。」

Alice若有所思地說：「所以，這就是為什麼要小心控制情緒，不能讓孩子長期處在那種焦慮或羞愧狀態。」

Dr. Mary笑著說：「正確！重要的是父母要在糾正行為後，重新給孩子肯定，讓他們知道自己還是被愛的。如果這個『情緒修復』沒做好，孩子就容易陷入焦慮。」

Dr. Emma說：「兒子很小的時候，給我罵了之後，就指定要我餵食，看來他要保證我對他的愛還在！」

Alice點頭：「所以，不能只是說『不行』，還要記得給擁抱和笑容來平衡。」

Dr. Mary微笑：「沒錯。畢竟，孩子需要的不是完美的父母，而是能幫他們從情緒波動中回到平靜的父母。」

Alice笑了起來：「好吧，看來我得練習一下這門功課了。」

．．．

這天，Alice致電 Dr. Emma，想她陪伴自己出席一個嬰兒展品展銷活動。

Alice拿起一個毛毯，邊看邊問：「Dr. Emma，寶寶的語言發展是不是比我們想的更複雜？」

Dr. Emma笑著說：「是啊，語言發展其實是情感發展的最後一環。寶寶一開始時用觸覺，接著是眼神，再慢慢進入語言溝通。每個階段都是累積起來的，沒有一個會被遺漏。」

Alice好奇地問：「人的腦袋是怎麼做到的？」

Dr. Emma指了指她的頭：「大腦兩邊配合。右腦負責情感和直覺，左腦則負責語言和順序。等眶額皮層成熟，左右腦開始協同運作，幫助孩子學會用語言表達和管理情緒。」

Alice笑著說：「原來寶寶學說話的過程比我想的還有層次！」

Dr. Emma也笑了：「沒錯。等他們開始說話，就是把自己內心的世界用語言分享出來。那是一個自我確認的過程，從右腦的感覺世界進入左腦的語言世界。」

Alice挑了幾個可愛的圍兜，感嘆：「養小孩真像在看他們一步步解鎖大腦的新功能啊。」

Dr. Emma點頭：「而且每個小進步都很精彩，不是嗎？」

Alice拿著一個毛絨玩具，邊挑邊問：「Dr. Emma，寶寶的大腦發展是不是越來越複雜了？」

Dr. Emma笑著點頭：「是啊，隨著他長大，前扣帶皮層開始發育，讓他更懂得感受快樂或痛苦，並逐漸學會控制情緒。再加上前額葉的背外側皮層，他開始有能力保留記憶、比較選擇，讓他更靈活地應對新情況。」

Alice好奇地說：「於是他不再只是靠經驗本能行事？」

Dr. Emma指了指貨架上的繪本：「沒錯，第二年開始，語言變得非常重要。他不再只是依賴眼神和肢體語言，現在他能用語言來表達自己。這是他探索情緒、學會命名感受的重要階段。」

Alice笑道：「那我們可以用說話來引導他，比如『別搶玩具』或『吃完飯就有點心』這種？」

Dr. Emma點頭：「正是，透過語言，他能建立情感詞彙，更準確地區分感覺，比如理解『生氣』和『難過』的區別。如果父母能敏銳地理解他的情緒，並用語言表達，會幫助他建立穩定的情感管理。」

Alice放下玩具，若有所思地說：「那如果父母不太談感受呢？」

Dr. Emma聳了聳肩：「那他就會比較難掌握情感詞彙，無法清楚表達感受，只能依賴之前的非語言方式來應對情緒，像哭鬧或發脾氣。」

Alice笑了：「看來我得多練習怎麼跟寶寶聊情緒。」

Dr. Emma笑道：「是啊。記得，用語言和愛來引導，這會讓他的大腦更靈活，也能更好地認識自我。」

Alice挑了一套可愛的小衣服，問：「Dr. Emma，為什麼寶寶都記不得嬰兒時的事情？」

Dr. Emma笑了：「那是因為海馬體和前額葉皮層的連接還沒發育完全。一個人前幾年的記憶多存放在杏仁體這類原始系統裡，這些情感記憶像背景音樂一樣影響我們，但無法用語言清晰回憶。」

Alice好奇地說：「那人是什麼時候開始有具體的記憶呢？」

Dr. Emma拿起一個嬰兒書包：「大約三歲時，海馬體成熟後，寶寶開始能把事情按順序記住，像『先發生了這個，再發生了那個』，也開始有個人故事的概念。」

Alice笑著點頭：「原來這就是為什麼小孩到三歲才會開始說『還記得嗎？』」

Dr. Emma微笑：「對，這就是他們開始建立『自傳自我』的時候。他們能談論過去，想像未來，這讓他們不再只是活在當下，也開始有更穩定的自我意識。」

Alice挑了一個玩具鴨，說：「所以，現在我可以開始和她聊聊未來，比如『下午我們去公園看鴨子』？」

Dr. Emma點頭：「沒錯。透過這些對話，你也在幫她構建她的故事和情感世界。」

Alice笑道：「那我們聊得越多，她的語言能力和情感也會越好？」

Dr. Emma點頭：「正是如此。而且有趣的是，研究顯示，擁有連貫的自我敘述，對成年後的情感安全也至關重要。」

「我有不少童年沒有被照顧好的病人，他們童年的回憶是一片空白！情感安全不是童年快樂與否，而是我們能否理解和連接自己的故事。」

「那些無法整理自己情緒或回憶不連貫的人，往往感到不安。因此跟孩子多對話，不只在教他語言，也在幫他建立一個穩定的自我感。」

Alice笑著放下選好的嬰兒用品：「看來我得開始練習講故事了，這可是陪伴她成長的關鍵。」

. . .

Dr. Emma和 Dr. Mary邀請 Alice和她的丈夫一起去看姜濤演唱會，Alice是「姜糖」，這對新手父母都需要輕鬆一下。演唱會後四人在餐廳共進宵夜。

四人在餐廳落座。Alice笑著說：「姜濤真的太棒了！他的音樂簡直是直達心裡。」

Dr. Emma微笑：「這就是右腦的魔力。音樂、情感和那些難以言說的東西，都是右腦的強項。」

Dr. Mary接著說：「這讓我想到那個被孤立長大的孩子 Genie，她左腦沒發育好，但右腦超級敏感。她無法用語言表達自己，卻能用一種直覺的方式和人交流，甚至不需要說話。」

Alice的丈夫好奇地問：「所以她的右腦彌補了左腦的不足？」

Dr. Emma點頭：「是啊，但理想情況下，我們需要左腦和右腦的良好連接。當情感能用語言表達時，兩邊大腦就能協同工作，這不僅有助於調節情緒，也能讓我們更清晰地理解自己。」

Alice笑著說：「這就像姜濤的歌詞——當你聽到他用簡單的歌詞唱出複雜的感受時，那種感覺超級共鳴。」

Dr. Mary喝了口水，補充道：「沒錯。心理學家 Gendlin稱這種過程為『聚焦』。當你找到正確的詞來表達感受時，會有一種『啊，就是這個！』』的感覺，身體好像也鬆了一口氣。」

Alice的丈夫笑了：「所以，這也是為什麼我們需要多聊聊感受，讓大腦兩邊都保持同步？」

Dr. Emma點頭：「對。尤其是孩子，從小需要透過語言來理解情感，這不僅幫助他們表達自己，也能讓他們的自我更完整。」

Alice感慨道：「看來以後我們不只是要陪她玩，還得多聊聊她的感受，讓她的大腦左右互通。」

Dr. Mary笑著說：「沒錯。這樣長大後，便能既有理性，也能有感性。」

Alice微笑：「你們為我先生上了寶貴的一課，今天這頓宵夜要他請客了。」四人相視一笑，享受著這個充滿音樂和思考的夜晚。

第三章

腐蝕心智的皮質醇

Dr. Emma和 Dr. Mary在教室裡並肩而坐，看著一群唸社會工作的碩士生正準備他們的討論課題：父母如何影響嬰幼兒成長。Dr. Emma開朗地笑著和學生打招呼，而 Dr. Mary則雙手交疊，神情沉穩地等待開始。

「我最討厭的是深夜的崩潰時刻，」Dr. Emma：「三更半夜，小孩哭個不停，那種感覺真是令人抓狂。」 Dr. Emma有兩個兒子。

Dr. Mary微笑地補充：「的確，很多時候父母給孩子餵有睡意的藥，只是想換來一點安靜。」她引用了過去醫學上的錯誤案例，指出許多父母和護理人員只是為了自己的心靈平靜，而非為孩子考量。

「所以啊，」Dr. Emma拍了拍手，「嬰兒哭泣並不會傷害他們，受折磨的是我們大人！」這話引來幾個學生們的笑聲。

Dr. Mary繼續說明：「研究顯示，母親的情緒狀態深深影響嬰兒的壓力反應發展。特別是當母親被社會孤立，缺乏支持時，她們可能無法妥善照顧自己和孩子。」

Dr. Emma點點頭，補充道：「那些沉默、壓力和與生活的疏離感，有時像烏雲掩蓋了陽光。我們或許無法完全理解嬰兒如何感受這種氛圍，但他們肯定察覺得到。」

「本課將探討最新研究，看看嬰兒期的壓力如何塑造他們的未來。」 Dr. Mary說。

Dr. Emma眨了眨眼，笑說：「未來的社會工作者，記得關心的不只孩子，還要多看顧父母。大家加油啊！」

Dr. Mary默默點頭，心想有這樣的搭檔，教書也變成一件愉快的事。

接下來，Dr. Mary投射出一張簡報：「壓力與大腦」

「壓力」這個詞已經被我們頻繁使用到幾乎失去了重量。」Dr. Emma笑著對學生說：「青少年對父母說『你讓我壓力好大』，簡直變成日常對話了。」

Dr. Mary補充道：「然而，壓力管理其實是心理健康的核心。我們必須理解，重點不在於壓力事件本身，而是如何調節情緒來應對。」

她解釋道，壓力是身體維持平衡的挑戰。當壓力反應啟動，皮質醇等激素就開始運作。「這些激素在一天內不斷波動，幫助我們醒來、保持警覺，或在傍晚放鬆。」

Dr. Mary插話：「簡單來說，皮質醇在早上升高，讓你清醒；下午降低，讓你放鬆。真是大腦裡的小魔法師呢！」她幽默的比喻著。

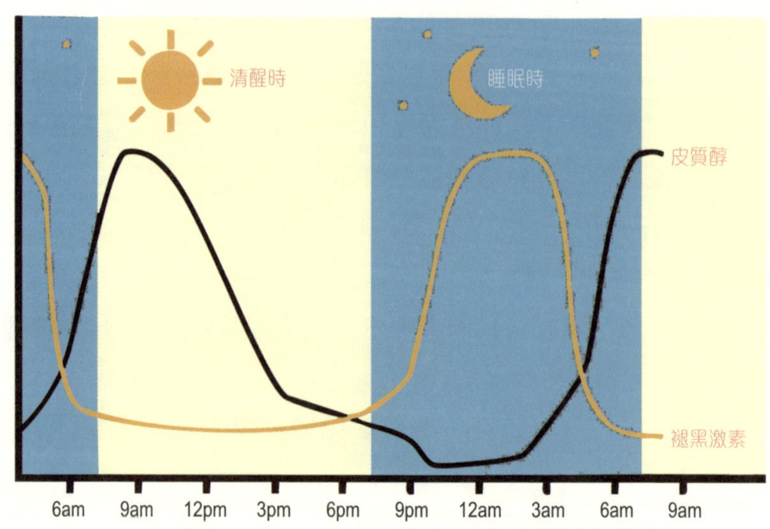

Dr. Mary繼續分析：「研究發現，壓力不僅是心理感受，更是生理反應。我們的激素組成了某種無聲的情感語言。」她引用科學家的觀點：「這些化學物質像詞語一樣組合，塑造我們的情緒。」

Dr. Emma笑著總結：「所以啊，當你感到壓力大時，其實是你的大腦和激素在開派對呢！」

化學智能的秘密派對

在課堂上，Dr. Emma興致勃勃地向學生解釋：「你們知道嗎？我們的身體其實每天都在舉行一場化學派對，神經肽就是傳遞消息的 DJ！這些化學物質是我們的『化學智能』，它們讓身體所有系統彼此聯繫。我們對它們的了解其實是近幾十年才開始發展的。」

她向學生們講述了 1950年代基因密碼被破解的故事，還有 1970年代神經遞質的發現：「如今，我們已經識別出超過 100種神經肽，但探索還在繼續。」

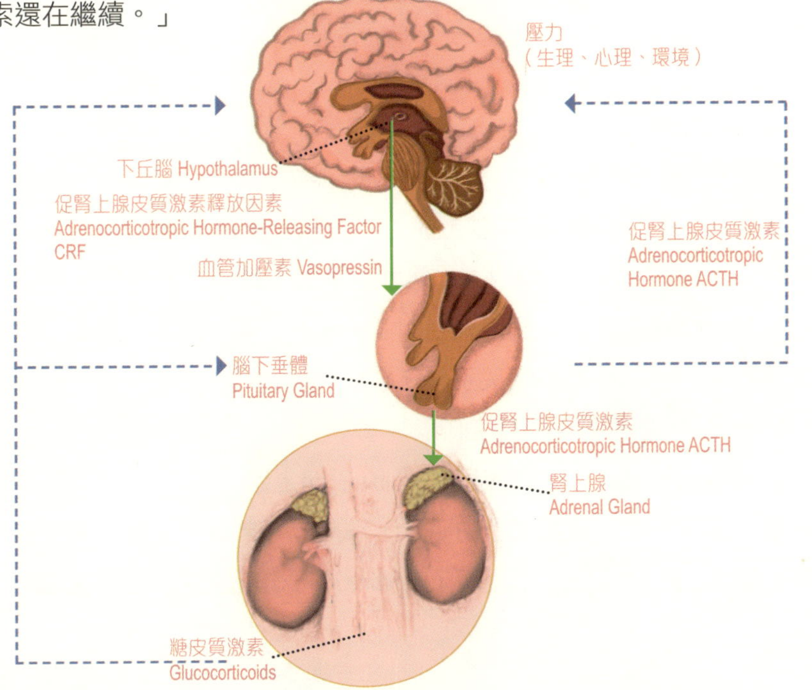

Dr. Mary接話：**「所以說，我們的大腦不只是一台處理機，更像是個派對策劃人。壓力管理的核心在於 HPA軸，簡單來說，就是下丘腦啟動垂體，再指揮腎上腺釋放皮質醇，幫助我們應對困難。皮質醇就像派對上的能量飲料，讓你在壓力來臨時繃緊神經，但代價是其他系統會暫停，比如免疫系統就像被按了『暫停鍵』。」**

Dr. Emma繼續解釋下丘腦和杏仁核的互動：**「當遇到未知或恐懼時，杏仁核像過敏的警報器，瞬間讓下丘腦啟動壓力反應。所以，下次你突然覺得心跳加速，那就是你的杏仁核在大喊：『快跑！』」**

Dr. Mary強調：「我們的情緒和壓力反應息息相關的，理解這些生化過程不僅有助於照顧自己，還能更好幫助他人。」

Dr. Emma幽默地補充：「記得，生活就是一場化學跳舞派對，重要的是別累垮自己！」

慢性壓力會導致 HPA 軸功能障礙，並導致體內皮質醇水平持續升高。

壓力和人際關係

又到下個星期，Dr. Emma和 Dr. Mary回到教室。

Dr. Emma和 Dr. Mary在課堂上說：「今天我們聊聊壓力與人際關係的議題。」接著，Dr. Emma說：「離婚可是人生最大的壓力之一。」

Dr. Mary接著說：「有個病人名叫 Benny，中年，穩重又風趣，但第一次見我時，他幾乎忍不住哭了出來。」

Dr. Emma好奇地問：「發生什麼事了？」

Dr. Mary回憶道：「他和妻子 Caroline一起走過 20年，看似完美的一對。兩人擅長社交，是派對上的明星，事業也各自輝煌。可是夫婦突然分開，震驚了所有人。後來發現，Caroline 和一年輕男人交往了幾個月。

「Benny坦承，其實早就覺得和 Caroline 疏遠了，她總是談工作，逃避他們之間的小矛盾。他覺得她的關心只是敷衍。」

Dr. Emma笑了笑：「這感覺像是『表面和平』的典型例子。」

Dr. Mary接著說：「發現她出軌，還是讓 Benny崩潰。他信任的妻子愛上了一個他厭惡的人，一個靠父母接濟、賭博成性，還有五個不同母親的孩子。」

Dr. Emma搖頭：「這對他來說真是雪上加霜。」

Dr. Mary嘆了口氣：「他陷入痛苦，徹夜難眠，食不下嚥。一會兒想追回 Caroline ，一會兒又想燒掉她情人的公寓，甚至連她也不放過。」

Dr. Emma聽完，低聲說：「他其實是害怕孤單，怕再沒人愛他？」

Dr. Mary點頭：「是的。他失去了一段依附關係，內心不再感到安全。」

Dr. Emma感慨道：「看來壓力不只來自事件本身，還來自失去陪伴和支持的恐懼。」

Dr. Mary微笑著說：「正是如此。這也是我們需要幫助他們重新找到平衡的原因。」

全班學生都被 Benny 的故事吸引，鴉雀無聲。

「就讓我們以 Benny 的例子，來說明壓力和身體內部關係。」Dr. Mary對學生說。

Dr. Mary又投射出一張簡報：「Benny 的內心戰爭」

Dr. Emma接著說：「Benny 的身體裡正發生一場大亂鬥！」

內部大亂鬥

Dr. Mary點頭：「沒錯。他的杏仁核先響起警報——『恐慌！危機！』——然後下丘腦立刻加班，釋放激素，啟動壓力反應。」

Dr. Emma裝作大聲叫喊：「corticotropin releasing factor CRF，adrenocorticotropic hormone ACTH、皮質醇！全部上場！」

Dr. Mary微笑接話：「這些激素給了 Benny 能量，像應急燃料一樣，讓他撐過危機。但同時，它們也使免疫系統和學習能力暫停工作。」

Dr. Emma開玩笑地模仿心臟：「所有系統停下！這是緊急情況，別再管什麼修復和放鬆了！」

Dr. Mary笑出聲：「是的，這些短期反應可以幫助他，但如果皮質醇長期超標，就會出問題。」

Dr. Emma眨眼：「就像派對開得太久，大家都會累癱？」

Dr. Mary點頭：「差不多。皮質醇會削弱免疫系統，還可能讓海馬體失靈。海馬體本來負責告訴下丘腦：『夠了，停止生產皮質醇吧！』」

Dr. Emma嘆氣：「但如果這個系統失靈了，Benny 的身體就像永遠停不下來的警報器。」

Dr. Mary總結道：「正因如此，持續壓力會讓人崩潰。我們需要幫助 Benny 找回平衡，不然他的系統就會過載。」

Dr. Emma拍了拍手：「所以，大家的任務就是——好好睡覺，少點內心戲，少點內耗，別讓皮質醇開無限期的派對！」

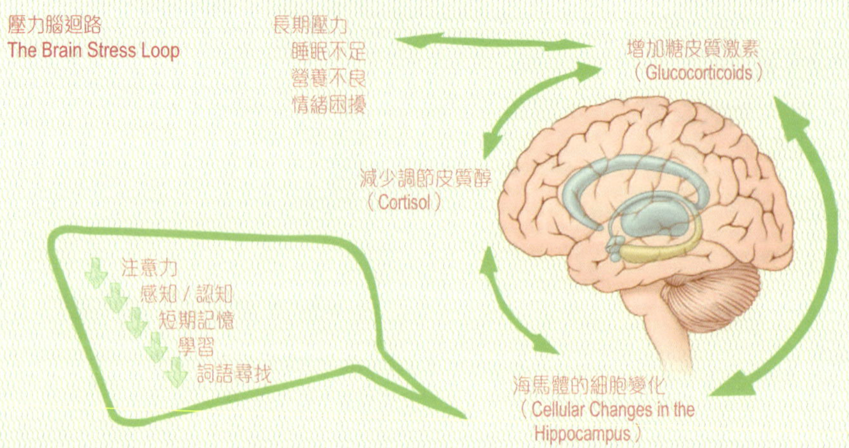

Benny的內心戲：器官版

海馬體（氣急敗壞地大喊）：「夠了！我快被這些皮質醇淹死了！停止輸出，我真的受夠了！」

下丘腦執迷不悟，沒有回應海馬體的求救，壓力反應卡在「開啟」狀態。這讓海馬體痛苦不堪，被谷氨酸大浪不停拍打，它的神經元開始一個個消失。

海馬體（疲憊地哀嚎）：「再這樣下去，我就沒法正常工作了。Benny 會變得健忘，然後大家就會說──『壓力讓人變傻』，真是見鬼！」

與此同時，杏仁核卻越來越亢奮，像個被糖嗨到的小孩。

杏仁核（歇斯底里地大喊）：「這真是場大災難！我要牢記這個教訓！下次有人像 Caroline那樣欺騙 Benny，我一定第一時間衝上去！」

皮質醇就像源源不斷的燃料，讓杏仁核的情緒飆升，去甲腎上腺素大量湧出，進一步刺激皮質醇的生成，陷入無限循環。

這時候，前額葉皮層本該出來充當理智的守護者，但它也快撐不住了。

前額葉皮層（無力地嘆氣）：「他們太瘋狂了，我快崩潰了……多巴胺和血清素全都耗光了。我真的沒氣力控制他們了。」

它無助地縮在一角，努力想躲開這場鬧劇。

前額葉皮層（疲憊地喃喃自語）：「我只想遠離人群，別讓我再管這些鬧騰的傢伙了……」

於是，Benny 的身體在這場混亂的內部戰爭中持續高負荷運作，一邊瘋狂產生皮質醇，一邊削弱記憶力和情緒管理，進入了一個惡性循環的泥潭。

Dr. Emma總結：「所以啊，各位，別讓你的杏仁核整天嗨過頭，也別把前額葉皮層累壞。適當休息，別讓壓力永遠處於『開啟』狀態。」

Dr. Mary點頭：「照顧好自己，別讓你體內的小劇場一直演下去。」長時間接觸壓力荷爾蒙可能會導致大腦發炎和功能障礙，影響情緒和記憶。罹患神經系統疾病的風險增加，包括失智症、憂鬱、頭痛、偏頭痛和中風。

敏感的神經系統

「這一課的內容：敏感的神經系統。」Dr. Mary一邊投射簡報一邊說。

Dr. Emma站在教室中央，對學生說：「Benny 的大腦所遇到的問題，對嬰兒的大腦來說，會更麻煩！」

Dr. Mary點頭：「沒錯。壓力對嬰兒的海馬體、前額葉皮層和整個壓力反應系統都有深遠影響。就像每個人都有不同的車子或房子，我們的身體也是獨一無二的系統，有共同點，也有自己的獨有的『毛病』。」

Dr. Emma挑挑眉：「比如，你家的水管漏水，我的車子拋錨。有些人特別焦慮，有些人卻什麼事都能處理得輕鬆自在。」

Dr. Mary接著說：「人們常以為這些差異全由基因決定，但事實並不是這麼簡單。基因只是心智的『原材料』，烹飪的過程，尤其是嬰兒期的照護，才是重點。」

Dr. Emma笑道：「所以，光有好的食材還不夠，廚師的手藝很重要啊！」

Dr. Mary點頭：「沒錯。有些基因可能增加抑鬱或其他疾病的風險，但它們需要環境刺激才能發揮作用。而早期生活的環境，主要就是父母或照護者的影響。」

「基因是傾向，不是命運。」Dr. Mary補充。

Dr. Emma認真地說：「想像一下，如果嬰兒在子宮內營養不良，或者出生後缺乏情感支持，這些都會改變他們的神經系統，影響未來的壓力反應。簡單來說，早期的照護不只是關心和陪伴，它實際上在塑造孩子如何解讀生活中的壓力。」

Dr. Mary說：「所以，將來你們要做的是，不僅是關心孩子，還要幫助父母做個好『廚師』，小心烹調他們的未來心智。」

嵌入在生理中的情感

Dr. Emma笑著對學生說：「嬰兒和照顧者的情感互動其實是直接寫進他們的生理系統裡的，這叫『生物嵌入』。」

Dr. Mary補充：「在這個階段，他們正在建立自動的情感和生理反應。雖然隨著年齡增長，我們還能改變習慣，但新習慣要真正內化，得花很長時間。就像我嚷着要減肥，明知道應該少吃多動，但要做到真的很難。

「嬰兒期是個非常開放的時期，變化發生得快，這時建立的反應系統會影響他們未來的『設定點』，包括血清素和皮質醇的基線水平。」

Dr. Emma插話：「所以，如果嬰兒總被忽略，哭了沒人理，高皮質醇水平會損害他們的神經發展。而且這些神經系統還在發育中，像多巴胺、去甲腎上腺素的通路不成熟，很容易受到早期壓力的影響。這也解釋了為什麼內向的媽媽生的孩子，天生多巴胺和腎上腺素水平就低一些。」

壓力與嬰兒的調節能力

Dr. Emma說：「嬰兒一出生，就指望我們幫他們處理壓力。最初幾個月，他們的皮質醇水平很低，全靠大人哄、摸、餵、搖來維持平衡。」

Dr. Mary點頭：「但嬰兒的系統非常脆弱。如果沒有人回應，他們的壓力反應會失控，進入危險的高水平。」

Dr. Emma插話：「他們連自己的體溫都無法調節，更別說情緒了！」

Dr. Mary繼續：「所以當嬰兒確信有人會照顧他們後，安慰的需求就會減少。大概在 3到 6個月時，他們早晨的皮質醇高峰開始穩定，但要真正建立成人的皮質醇節律，通常要到 4歲左右。但仍這麼多人還認為讓嬰兒『哭到自癒』是個好主意，甚至會令肺部強壯。事實上，這不是理想的照護方式。若壓力失控，不只會影響情緒，還可能損害心臟和大腦發育。」

「高皮質醇對嬰兒的大腦有毒，特別是會影響前額葉皮層的發展——這部分負責讀懂社會線索和調整行為。」

Dr. Emma笑著看向學生：「記住，照顧嬰兒就是在『編程』他們的未來。別讓他們在壓力中過載了！」

一位嬰兒在關愛的照料下，情緒穩定，壓力反應和皮質醇水平得到調節。

海馬體的自述：壓力與擁抱的故事

「以下，有請 Dr. Mary海馬體！」Dr. Emma大聲開朗地說。

海馬體（疲憊地嘆氣）：「你們知道嗎，我真是受夠了那些皮質醇了。如果嬰兒期壓力太大，我的皮質醇受體就會減少。等到未來再遇到壓力時，皮質醇一湧上來，我根本無法接住，只能任它淹沒我。」

海馬體又懊惱地抱怨：「那些母親缺席的小老鼠和我一樣，他們的大腦連接減少，我們簡直像在壓力海洋裡游泳，隨時可能溺水。」

這時候海馬體突然變得積極，羨慕地說：「但如果嬰兒時期能得到很多擁抱和撫摸，情況可就不一樣了。那些孩子長大後，皮質醇受體多得像小倉庫一樣，皮質醇一來，就能從容接待，輕鬆應對。」

海馬體還自豪地微笑：「當我能有效管理壓力時，這意味著那個人長大後面對困難時不會輕易崩潰，因為我已經練就了一身好本領，讓皮質醇有地方去，讓一切保持平衡。」

海馬體作出總結補充：「所以啊，照顧好嬰兒不只是讓他們當下開心，更是幫我，幫他們未來的心智發展。」

Dr. Emma微笑著對學生說：「聽到了嗎？多給嬰兒一點愛，海馬體是會感激你們的！」

壓力如何塑造反應系統

Dr. Emma說：「壓力反應系統就像一面鏡子——收到什麼，就反射什麼。嬰兒獲得豐富的關愛，就能發展出良好的自我調節能力；反之，缺乏照護的孩子長大後就容易失控。」

Dr. Mary補充：「像之前提及的 Benny，處理壓力的方式很大程度上與他的早期經驗有關。如果他的系統『高度反應』，一點小事就能激起大量皮質醇，讓他容易沮喪、焦慮，甚至暴飲暴食。妻子 Caroline 離開後，他可能會陷入抑鬱，甚至因壓力引發的皮質醇而發胖。」

Dr. Mary點頭：「這類反應常見於缺乏穩定照護的孩子，特別是那些母親情緒低落或不可預測的情況下。但如果 Benny 是『低反應者』，他可能表面看起來處變不驚，給人感覺應對良好，但偶爾情緒會如火山爆發，讓人措手不及。」

Dr. Emma插話：「這通常來自於情感匱乏的成長環境，比如冷漠或好鬥的父母。有些父母會用過份的體罰來壓抑孩子的情緒。」

Dr. Mary總結：「在極端情況下，我們會在孤兒中看到這種遏抑的反應系統──情緒平淡，但壓力累積到無法釋放。」

Dr. Emma說：「所以，了解這些模式，才能更好地幫助那些承受壓力的人，從源頭修復。」

這時，一個學生發問：「嬰兒的成長受先天和後天的影響，究竟哪樣比較重要？」

Dr. Emma對學生說：「其實，嬰兒在子宮內就開始受到壓力影響了。母親的皮質醇通過胎盤進入胎兒的大腦，影響他的下丘腦和海馬體。」

Dr. Mary補充：「研究顯示，孕期暴露於高皮質醇的胎兒，長大後更可能出現高血壓等問題。」

Dr. Emma說：「所以，母親的壓力反應也會『傳染』給寶寶，這還真不是天生的問題。」

Dr. Mary接著說：「母親的飲食、壓力、甚至吸煙或酗酒，都會直接影響胎兒的發展。不僅如此，困難的分娩，比如使用產鉗，也會顯著提升新生兒的皮質醇水平。」

Dr. Emma總結：「所以，寶寶的未來反應系統，一定程度上是母親狀態的『延伸』。從胎兒期就得開始關心媽媽的壓力管理。」

「好了，接下來，我們會聊聊胎兒期的壓力影響。」Dr. Mary又回到講座位子上，調整簡報。

Dr. Emma對學生說：「兒在子宮裡就會受到母親狀態的影響。母親的高皮質醇能通過胎盤進入胎兒大腦，影響他的下丘腦和海馬體。

「研究顯示，暴露於高皮質醇的胎兒長大後更容易患高血壓。母親的壓力和營養不足會成為寶寶的負擔，影響他的壓力反應系統。」

Dr. Mary接著說：「這些影響不只是基因決定的。吸煙、酗酒也會讓胎兒的皮質醇上升，讓孩子將來更容易情緒失控或冷漠。甚至分娩方式也有影響。像使用產鉗的困難分娩，會大幅提高嬰兒的皮質醇水平，帶來潛在的長期影響。」

Dr. Emma笑著說：「所以，從懷孕開始，母親的狀態就等於胎兒的狀態，壓力管理有必要提早開始。」

「下一堂課，我們談談嬰兒的氣質。」Dr. Mary作出預告。

. . .

很快又到下個星期了。

簡報上打出「難搞的嬰兒」還有一幅有趣的畫片。

Dr. Emma對學生說：「有些嬰兒天生就比較『難搞』，他們更敏感、更容易焦慮。這可能是遺傳，也可能是胎兒期的壓力影響。」

Dr. Mary點頭：「嬰兒的氣質差異很大，研究將他們分為兩類：低反應的和高度敏感的。敏感嬰兒佔大約 10%，感官特別靈敏，哭得多，也容易被嚇到。」

Dr. Emma補充：「還有個有趣的發現，這類嬰兒的臉通常比較窄，這可能暗示了一些遺傳因素。這些嬰兒需要更多的照顧才能保持平靜。頻繁的抱抱和餵養，對他們的父母來說可不是件輕鬆事。」

Dr. Emma搖著頭總結：「養這樣的孩子可真像玩高難度模式。父母不小心的話，這些嬰兒的壓力系統

可能就會失控，高皮質醇基線和情感不安全也會隨之而來。所以，養育敏感孩子需要更多耐心和技巧，但做得好，他們就能有更穩定的未來。」

Dr. Mary又投射了另一張簡報：「嬰兒氣質與養育的影響」

Dr. Emma說：「現代對嬰兒氣質的關注，跟以前的弗洛伊德理論可大不相同。他那套更專注於性驅動和攻擊性驅動，像什麼口腔期、肛門期『卡關』。」

Dr. Mary點頭：「雖然弗洛伊德承認早期經歷的重要性，但他忽略了父母和照護者的影響。二戰後，心理學才開始關注不穩定或忽視的養育如何影響孩子的情緒發展。」

Dr. Emma補充：「有趣的是，一項研究顯示，即便某些小鼠天生容易恐懼，但如果由不怕事的母鼠撫養，長大後就不再害怕。同樣，原本『溫順』的小鼠，換成攻擊性強的母鼠撫養，也會變得好鬥。所以啊，無論基因如何，養育方式才是決定性因素。」

「人類也是如此嗎？」一個學生問。

「真是一個好問題。」Dr. Mary說。

這時候，Dr. Mary放出另一張簡報：「敏感寶寶也能變好」

Dr. Emma笑著對學生說：「有些嬰兒天生像『抱怨小王子』，特別敏感，長大後還容易變神經質。」

Dr. Mary點頭：「研究顯示，他們常和母親形成不安全的依附關係。荷蘭研究員 Dymphna Van den Boom Rober Sapolsky不服輸，想看看母親能否學會減輕嬰兒的壓力。她設計了一套短期的支持方案，教母親如何更好地應對這些難搞的寶寶。結果，大多數孩子最後發展出安全的依附關係！」

Dr. Emma笑著說：「這證明了氣質並不決定一切。關鍵還是看照護者能否滿足孩子的需求。所以，依附關係是建立出來的，不是天生的。」

Dr. Mary又打出另一張簡報：「嬰兒的壓力是什麼？」

Dr. Emma笑著對學生們說：「成年人的壓力我們都懂——工作太多、睡不夠、生活壓得喘不過氣。但對嬰兒來說，壓力是什麼？」

Dr. Mary接著解釋：「對嬰兒而言，壓力就是純粹的生存問題。他們沒法自己活下去，所以當媽媽不在，或者沒及時給他們溫暖和安慰，對他們來說就是巨大的壓力。沒人照顧的話，他們甚至可能真的有生命危險！

「研究顯示，像產鉗分娩或割包皮這類身體創傷，會激發嬰兒的壓力反應，這其實是一種生存本能。嬰兒的哭聲還有一個重要功能——施加壓力給父母，逼他們做出反應，這可是小寶寶的『生存武器』。」

Dr. Emma點頭：「其實我們成年後的壓力反應也沒變。遇到事故、手術或攻擊，我們還是會啟動同樣的系統。尤其是女人，眼淚是最大的武器。嬰兒的哭聲不只是抱怨，而是他們活下去的方式！」

現代壓力的社交版

Dr. Emma笑著對學生説：「現在的壓力不再是來自被老虎追，而是像失去升職機會，或者社交醜聞，比如被拍到和不該約會的人約會。在現代社會，生存更多依賴於社會接納和地位。一旦這些受到威脅，壓力就會爆棚。」

Dr. Mary補充：「你可以把它想像成一種『情感股票交易』——社交資本高時，你內心反而可能不安；而資本低時，孤獨感就會增加。Rober Sapolsky的研究發現，高等級的狒狒皮質醇水平低，掌控力強；而低等級的狒狒則皮質醇高，壓力大。」

Dr. Mary笑著打趣：「人類也一樣啊。就像小學生的友情劇場，今天還在説『我討厭他』，明天又興奮地説『他是我最好的朋友』。只是成年人比孩子更擅長隱藏這些情緒波動。」

危險的壓力

Dr. Emma在講台上説：「短期壓力就像生活中的小挑戰，危機過去後很快恢復，甚至能激勵我們。真正可怕的是那些長期壓力——像擔心養老金，或者無法擺脱吵鬧的鄰居，這些壓力會慢慢侵蝕身心健康。」

Dr. Mary笑了笑：「説白了，壓力就是來自那些你無法掌控的事。你拿它沒辦法，它卻不肯離去。比如無法獲得所需治療的人，壓力會非常大。奇怪的是，臨終的人皮質醇水平反而不高，可能是因為他們已經接受現實，不再抗拒。」

Dr. Emma點頭：「所以，最折磨人的其實是那些意想不到的變故，讓你想反抗卻無能為力。這也是為什麼嬰兒在缺乏溫暖和保護的照護下，會感受到極大的壓力。」

「壓力是否過大，是不是都要看看有沒有相關能力？」學生問。

「這個問題太棒了！」Dr. Mary豎起手指說，接下來她放下另一張簡報：「資源與依附的力量」。

Dr. Emma笑著對學生說：「有錢人遇到欺詐，背後有律師團隊幫忙，肯定比沒存款、教育資源少的人更容易應對。」

Dr. Mary接話：「內在資源也一樣重要。有了足夠的自信和支持網絡，無論是嬰兒還是成年人，都能更好地管理壓力。有趣的是，研究發現，有安全依附的孩子在壓力下皮質醇不會飆升，而沒有安全依附的孩子則會。

「大家可能以為溫和膽小的孩子壓力會更大，但其實只要他們有穩固的依附關係，他們的皮質醇水平也能保持穩定。反倒是那些看起來冷靜的孩子，壓力大時皮質醇容易飆高，因為他們往往依附不安全。所以，真正關鍵的不是個性，而是孩子能否信任他人提供支持。」

Dr. Emma補充：「一歲左右，有安全依附的孩子能自我調節情緒，即使不安也不會過多皮質醇；而依附不安全的孩子則很容易失控。歸根結柢，不安全依附的核心就是缺乏對他人情感支持的信任。

分離的壓力

很快，又來到了下一周的課題：『分離的壓力』

Dr. Emma對學生說：「對嬰兒來說，最可怕的事就是和媽媽分開。畢竟，媽媽是他們的『生存大本營』！」

Dr. Mary補充：「研究顯示，短暫的分離就會讓嬰兒大腦釋放 CRF，一種和恐懼相關的激素。對猴子和老鼠來說也是一樣。每次小猴和媽媽分開，皮質醇就會飆升。長期下來，牠們變得更焦慮、更依賴，也玩得更少。

「有趣的是，即使每週只分開五小時，小猴的心臟反應也會變得更加敏感。」

Dr. Emma笑道：「這説明了無論是人還是動物，分離都會讓他們感到極大的痛苦和不安，所以穩定的陪伴對孩子的情感健康至關重要。」

「嬰幼兒還有什麼壓力嗎？」一個學生問。

「社會壓力與托兒挑戰……這是我們會討論的議題。」Dr. Mary説。

Dr. Emma説：「不只是分離，社會衝突也會讓皮質醇飆升，像群體中的威脅或爭吵，甚至被孤立都會讓壓力加倍。」

Dr. Mary接話：「之前説過，嬰兒和母親分離時，皮質醇也會增加，因為他們對安全和保護的需求很高。不過現代社會讓這種分離變得常見，因為很多媽媽需要外出工作。這情況對孩子的影響也一直是爭論的焦點。

「研究員 Dettling 調查了一所全天托兒所，發現 3到 4歲的孩子即使表面看起來平靜，但皮質醇在一天中不斷上升，尤其是社交能力較差的孩子。

「有意思的是，這些孩子到了下午反而特別亢奮，和正常家庭環境中傍晚平靜下來的情況正好相反。」

Dr. Emma説：「但 Dettling 也發現，高壓力並不是托兒所的必然結果。一切還是取決於孩子的照護質量。所以，關鍵不在於分離本身，而在於托兒所能否提供真正的愛和支持。」

這時，Dr. Mary又打出另一張簡報：「有關依戀對象分離的研究。」

Dr. Emma在介紹第二項研究時指出，她研究了那些與主要依戀對象分離，但由保育員照護的兒童。她發現，真正重要的不是誰照顧孩子，而是照護質量，以及是否有人能真正關注孩子的需求。有高響應度的保姆陪伴的孩子，皮質醇水平保持正常 。

Dr. Emma強調：「小孩情緒的穩定依賴於有人隨時察覺他們的感受

並幫助調節情緒，而這個人不一定是父母，只要他們真心投入即可。缺乏這種持續的關注，會讓孩子感到壓力和焦慮。即使父母在家，如果他們心理無法提供一致的情緒支持，孩子依然會難以自我調節。倘若有酗酒問題的父母，孩子的皮質醇水平往往偏高，因為父母的心理缺席讓孩子處於持續壓力之中 。」

接著，Dr. Mary舉了靈長類研究的例子：「當猴子面臨不可預測的食物供應時，母猴與後代都表現出極高的壓力反應，比長期飢餓的情況更嚴重 。焦慮的母猴無法專心照顧小猴，導致後代也持續警覺、不安，甚至陷入抑鬱。現代生活的壓力，同樣讓父母難以平衡自我和照顧孩子。

「不少婦女告訴我，作為母親，常常不得不忽略電話、延後工作、打亂安排。為了找回自我，只好由得寶寶哭泣、延遲餵奶，甚至外出時將她留在家中。要做自己，意味著在做母親方面失敗。」

Dr. Emma聳聳肩説：「這就是育兒的兩難。」

Dr. Emma接著説：「最難熬的是那種孤獨感，彷彿責任全部壓在自己身上。母親和嬰兒其實面對著相同的困境——雙方都缺乏足夠的支持，無法有效應對壓力。雖然動物研究早已表明，像母嬰短暫分離這種早期壓力會影響後代一生的情緒健康，如增加焦慮、抑鬱和失去快樂的傾向 ，但人類是否也會如此，一直沒有定論。」

「不過最近有個突破！」Dr. Mary興奮地分享：「Marilyn Essex的團隊進行了一項超大規模的前瞻性研究。這項研究跟蹤了 570個家庭，從懷孕到孩子 5歲。結果清楚表明，嬰兒期的經歷會影響我們後來面對壓力的方式。四歲半的孩子，如果他們的母親目前生活在高壓環境中，皮質醇水平不一定升高，只有在嬰兒期母親也經歷過壓力或抑鬱時，他們的皮質醇水平才會升高。換句話説，嬰兒時期的困境已經改變了他們的壓力系統，讓他們更容易在未來困難面前產生強烈反應，但不一定是持續的高皮質醇水平。」

Dr. Mary點頭補充：「這些孩子在嬰兒期就因母親的抑鬱而脆弱，如果他們在成長過程中也遭遇類似的挑戰，還可能增加未來暴力行為的風險。」

課堂內靜了一會兒，然後 Dr. Emma笑著說：「所以，育兒是一場馬拉松，不只是『今天』怎麼過，而是如何讓孩子一生少一點焦慮，多一點快樂。」全班哄笑起來。

「好了，今天到此為止，下星期再說。」Dr. Mary說。

. . .

課堂上，這次 Dr. Emma換上「羅馬尼亞孤兒院研究的簡報。」

Dr. Mary在課堂上解釋道：「研究羅馬尼亞孤兒的案例告訴我們，

壓力反應系統——HPA軸，有一個關鍵的發育時期。在四個月大後才被收養的孤兒，即使進入了新家庭，他們的皮質醇水平依然偏高；而四個月前被收養的孩子，壓力反應則能恢復正常。

「這可能是因為母親更容易和年幼的嬰兒建立連結，但另一個可能的原因是，HPA系統的『設定點』大約在六個月大時已經穩定。這也說明了為什麼胎兒和嬰兒的早期階段如此脆弱，壓力對這段時期的發展可能有著深遠的影響。」

一個學生問：「那有什麼心理應對策略？」

Dr. Emma說：「一個人的心理和生理應對系統，其實是在嬰幼兒期就打下基礎，並且往往伴隨一生。當孩子在穩定且響應性的照顧中成長，他們能學會如何自我調節，並懂得在需要時向他人尋求幫助。這能幫助他們維持情緒的平衡。但如果孩子跟照顧者早期關係不穩定，問題就出現了。有些孩子可能會有過度反應，皮質醇水平居高不下；另一些可能因長期壓力啟動了『關機』機制，整個人變得冷漠、麻木。」

「所以，大家現在明白了吧，早期的陪伴和支持是多重要。不只是為了讓孩子少哭幾聲，而是決定了他們未來的心理韌性和應對能力。」

「接著讓我們討論高皮質醇的孩子！有請 Dr. Emma。」Dr. Mary一邊整理簡報一邊說。

Dr. Emma說：「來聊聊那些皮質醇爆表的孩子吧！在依附理論中，被稱為『抵抗性依附』的小孩，總是把情緒表現得滿分。他們這樣做，是為了吸引那些不穩定的父母——可能心不在焉、忙碌，或乾脆經常不在場。他們無法確定父母什麼時候會關注自己，因此不得不用表現優秀博取關愛。但這種不可預測性，正是導致皮質醇水平飆升的原因。」

她補充：「Kochanska發現，這類孩子在嬰幼兒期特別容易感到恐懼，而恐懼正是由皮質醇和促腎上腺皮質激素（CRF）引發的。雖然還需要更多研究來確認他們的皮質醇是否長期偏高，但我們知道，長期高皮質醇水平與情緒障礙有關，例如焦慮、抑鬱，甚至自殺風險。」

Dr. Emma停頓片刻，然後解釋：「高皮質醇還與右額葉活動增加有關，這個區域負責產生恐懼和易怒感。這類孩子時刻保持警覺，專注於解讀父母的非語言信號。高皮質醇不只影響心理，還會損害身體健康。它可能會影響海馬體，使孩子心不在焉、散漫；削弱前額葉皮層的思維和行為管理能力；甚至抑制免疫系統，減慢傷口癒合。長期下來，還可能導致肌肉流失、骨質疏鬆，以及糖尿病或高血壓的風險。

「所以，壓力的代價還真不小，它不僅讓我們心情不好，還可能讓我們變胖、變虛弱，甚至更容易生病。所以啊，壓力管理至關重要！」

「好了，接下來由 Dr. Mary解釋低皮質醇的奧秘。」Dr. Emma說，她把新的簡報投射出來。

Dr. Mary接著說道：「在我們了解高皮質醇的影響時，還有一個神秘的現象，某些人的基礎皮質醇水平異常低，這也與一些疾病有關。尤其是在早期兒童階段，這種情況比我們想象的更常見。」

「為什麼有些孩子的皮質醇水平會總是偏低的呢？」一個學生問。

Dr. Mary簡單解釋：「一種理論認為，當身體長期暴露於高皮質醇時，它會通過關閉皮質醇受體來自我保護，這叫做『下調』。切換到低皮質醇模式，這看起來像是一種防禦機制，就像人們用逃避和否認來躲避痛苦。雖然這樣做可能讓孩子免於持續的痛苦，但也會導致情感麻木，甚至與人疏離。」

Dr. Mary舉了個例子：「有研究發現，皮質醇水平低的孩子在幼兒園面對壓力時，居然不會分泌更多皮質醇，彷彿他們關閉了壓力反應系統。這些孩子可能會對快樂的事情反應冷淡，有時甚至過度裝出開心，來掩飾內心的空虛。」

Dr. Mary把簡報換上這個題目：「低皮質醇與情感忽視 。」

Dr. Mary說：「低自尊往往和持續的情感甚至身體虐待有關，而這些經歷發生的年齡也可能是關鍵。」她接著分享了一項狨猴的研究：「De Ling 發現，只有那些在早期生活中每天與母親分開兩小時的猴子，才會出現低皮質醇基線水平。同胎兄弟姐妹如果沒被分開，就不會有這種現象，而年長一些的猴子也不會。

「這些現象可能與迴避型依戀有重疊。經歷負面態度的孩子，常會發展出迴避情感的風格，對外界表現出敵意或批評。這類家庭不允許孩子自由表達，因此他們只能遏抑情緒。但遏抑的情緒不會消失，反而會讓情緒積累。」

她舉例道：「Gross 和 Levenson發現，遏抑的情感常以不可預測的方式爆發。孩子通常不會向父母發洩，而會將情緒投向同齡人，因為那是相對安全的。所以，情緒管理很重要。遏抑情緒不是辦法，找到健康的方式表達才是關鍵！」學生在點頭，課堂氣氛輕鬆而充滿啟發。

低皮質醇與攻擊性

Dr. Emma換上了另一張簡報：《低皮質醇與攻擊性》 。

Dr. Mary笑著說：「看起來很矛盾，但最具攻擊性的孩子，往往是那些試圖遏抑情緒的孩子。而且，學校裡最愛打架的男孩，壓力激素水平往往不是高，反而是低。他們的憤怒像火慢慢燒著，隱藏在表面之下，可能連他們自己都沒察覺。這與他們早期的忽視或敵意經歷有關，這些經歷改變了他們的壓力反應系統。

「研究發現，那些在幼兒園就開始惹麻煩的孩子，往往是因為他們早早發展出了一種生存策略，用以應對情感上的忽視。他們看起來堅強，甚至冷漠無情，但那其實是遏抑，而不是缺乏情感。這些孩子和青春期才變叛逆的孩子很不同。後者雖然在青春期顯得反叛，但在童年時還能表達脆弱和焦慮，皮質醇水平也較高。他們的行為多半是青春期壓力的反應，而不是早期創傷。」

Dr. Mary緩了口氣，接著說：「然而，那些在幼年時靠低皮質醇水平適應壓力的人，更容易罹患疾病，如 PTSD、慢性疲勞、哮喘、過敏、關節炎等。

「低皮質醇還會讓人生活平淡，情感表達困難，這被稱為『情感失語症』。研究發現，這類人通常皮質醇水平偏低。所以，有時候，那些看起來冷酷的人，心裡其實有著不說出口的情感。」一眾學生若有所思地點頭，似乎從這番話中看見了生活中不少熟悉的影子。

情感失語與健康

「接下來，讓 Dr. Emma繼續講解：情感失語與健康 。」Dr. Mary又放了新的簡報。

Dr. Emma微笑著說：「這種情感表達的困難，最早在哮喘、關節炎和潰瘍性結腸炎患者中被發現。不過，現在我們知道，這種現象涉及更多疾病。」

Dr. Emma解釋：「這可能源自早期母親與嬰兒的互動。如果母親沒有教孩子用語言表達感受，孩子就難以學會透過思考來整理情緒、應對緊張，而是習慣依賴他人來調節情緒。研究發現，這類人常依賴一兩個親密關係，當這些關係中斷時，他們就容易生病。

「這些調節關係的重要性，我們會在後面章節更深入探討。我們可以下課了。」

壓力反應與情感調節

這一節課，是 Dr. Emma和 Dr. Mary的課堂對談，題目是：「壓力反應與情感調節 」。

Dr. Emma笑著說：「我們不能簡單地把人劃分為『高皮質醇』和『低皮質醇』。這些狀態其實是浮動的。高皮質醇代表正在積極對抗壓力，而低皮質醇則反映一種抵禦崩潰的機制。這也解釋了為什麼某些受到性虐待的兒童質醇水平很高，而另一些卻很低，這與他們如何適應複雜的環境有關。」

Dr. Mary接話：「壓力反應是我們情感生活的一部分。當我們調節情緒時，也同時調節激素和神經遞質。而這一切很大程度上與父母如何應對我們的需求有關。父母對嬰兒哭泣的反應，甚至無意識的防禦機制，都會影響孩子的情緒調節能力。像 Candace Pat所說，壓力反應就像免疫系統，幫助我們建立對未來壓力的『抵抗力』。

「良好的情感免疫來自被關注、被撫觸，以及在壓力中獲得支持。而缺乏接觸和不確定性則削弱了這種能力。」

Dr. Emma緩緩點頭：「最重要的是，學會在適當時刻關閉皮質醇的產生，而不是被它淹沒或壓抑，就像管理情緒一樣——接受情感，並找到有效的調節方法，比如轉移注意力或尋求他人支持。不安全的應對模式卻是個挑戰。抵抗型孩子被情緒壓倒，像高壓的『控制』狀態；而迴避型孩子則像是情感『關機』，進入低控制狀態。這兩者都會為情感生活帶來困擾。」

這時，Dr. Mary又投射另一張簡報：「HPA 軸與壓力反應 」

Dr. Emma接著說：「越來越多研究證據表明， HPA 軸的壓力反應系統會因早期的社會經驗而被『編程』，不論是過度反應還是低反應。皮質醇甚至可能對發育中的嬰兒神經系統造成長期影響。這些影響的表現形式，取決於孩子在困難開始時的年齡、壓力的持續或間歇性，以及壓力的強度。

「這方面的研究還在不斷發展，希望往後能更清楚地解釋壓力反應與不同人類行為之間的關聯。」

Dr. Mary點頭道：「但有一點是確定的：壓力反應是我們學習如何調節情緒的重要指標。了解這些影響，能讓我們更好地幫助孩子發展情緒韌性，也解釋了為什麼早期照顧如此關鍵。」

第四章

抑遏感受：早期情緒調節如何影響免疫系統

「打落牙齒和血吞！」記住，我們不需要永遠這樣做。

在一間會議室裡，四位醫生正圍繞患者的情緒障礙進行討論。Dr. Mary、Dr. Emma、Dr. John和 Dr. Bill都是專科醫生，但各自對情緒的管理都有所不同。Dr. Emma和 Dr. Bill是屬於較為活潑開朗的人，而 Dr. John和 Dr. Mary則比較文靜。

今天 Dr. Mary分享了她一個病人 Rachel 的故事：

Rachel今年四十歲，已婚，與丈夫同住。然而，她的生活背後隱藏著沉重的陰影——她長期與飲食失調搏鬥。她的病症包括嚴格限制飲食和嘔吐清除。這一切源自於她童年的創傷經歷。

Rachel的父母在她年幼時便離棄了她，因此被送到祖母家生活。然而，祖母性格嚴厲，不容許她表達情感。「不要哭！哭是沒用的。」祖母總是這樣訓斥她。這種長期的遏抑讓瑞秋漸漸失去表達感受的能力，無論是喜悅還是悲傷，她都忍住不說出口。

Rachel自小身形圓潤，常因此受到同儕的嘲笑。後來，久未露面的母親回來與她接觸時，竟然教她用催吐的方式控制體重。「吐出來就好了，沒有人會知道。」母親輕描淡寫地告訴她。從那時起，Rachel 便開始依賴這種方式來保持自己的身材。

日子久了，Rachel 的情緒變得愈發低落。她陷入一種固定的飲食儀式，對每一餐都極為講究，食物種類要重複檢視。她的工作表現雖然一向優異，但她在社交場合中卻顯得拘謹，不能自然而然地表達自己。即使面對熟人，她也無法放鬆心情。

多年下來，Rachel 的身體開始出現問題。她罹患了腸易激綜合症，這讓她經常感到腹痛和不適，情緒上的壓力也演變成了抑鬱症。她覺得自己就像一個困在無盡漩渦中的人，無法自拔地掙扎著。

丈夫察覺到她的異樣，多次嘗試關心她。「Rachel 你最近好像不太對勁，有什麼想說的嗎？」

「沒事，只是有點累而已。」Rachel低聲回答，像以往一樣，將心中的情緒掩藏得滴水不漏。

然而，遏抑和痛苦像一道無形的枷鎖，默默地束縛著 Rachel 的生活，她自己也不曉得究竟發生了什麼問題。」。」

Dr. Emma啜了口咖啡：「這個患者的情況聽起來就像述情障礙（Alexithymia）。她完全沒有辦法說出自己的感受，像是根本不曉得自己在經歷什麼。」

Dr. Mary點頭：「沒錯。她的迴避行為很明顯，不只是對別人冷漠，她連尋求幫助都害怕。寧願隱藏病情，也不願『製造麻煩』。」

Dr. John撇撇嘴：「遏抑是典型的防禦機制。人會因為害怕尷尬而選擇壓抑情緒。所以不少患上精神疾病的患者若然不是遇上危機，壓垮了最後一根稻草，才肯去求醫。長期遏抑情緒，成為了一個常態，最後他們自己的內心世界，是一片迷惘蒼白。」

Dr. Bill回應：「不少成功人士都強調『打落牙齒和血吞』的堅強獨立個性，他們的孩子便可能會隱藏自己的需求。」

Dr. Emma若有所思：「對啊，這些孩子從小就感受到自己的需求可能帶來難堪和尷尬，因為在意別人對自己的看法，他們慣於隱藏心底感受和需求。他們長大後就變成那種總是忽略自己感受的人，還認為這樣才是體面才是正常的。」

Dr. Mary：「如果父母不幫助孩子辨認情緒，他們又怎麼能學會識別自己的感受？這些情緒最後只會變成模糊的身體不適感，無法在大腦裡準確用言語表達出來。」

Dr. John雙手一攤：「所以這些述情障礙者只能依靠表面的反應來與人互動，沒辦法真正投入社交。他們不是沒有情感，只是不知道該怎麼處理。」

Dr. Mary回應：「所以很多時候，我們都得從零開始，引導他們重新感受，把情緒轉化為語言。這樣，他們才能學會接納自己，而不再壓抑一切。」

· · ·

Dr. Bill分享了 Yvonne 的故事：

Yvonne，今年四十五歲，已婚。她是由父親一手帶大。

她的父親是黑社會成員，雖然從未對她施加暴力，但也極少與她交談。他常對她說：「覆水難收，哭也沒用。」「沒有用」這句話成了她生活中的「黃金定律」。

在父親的影響下，Yvonne變得非常務實。即使同事生病了，她也只會冷冷地問：「你看醫生了嗎？」對於安慰或表達關懷，她認為完全沒有需要。

她的態度讓人感到難以親近，因此時常被人視為怪人。雖然表面上她對此不以為然，但內心偶爾也會感到鬱悶，甚至對自己產生懷疑。

有一次，我提議她：「不如，你試試寫下你的自傳。」Yvonne沉默了很久，最後只是淡淡地說：「沒有什麼好寫的，一片空白。」

她形容自己的過去，像是一個空洞的故事，無法回顧，無法感受。或許，她早已將所有情感鎖進心底，與過往的沉默一同埋藏。

四個人就著 Yvonne的個案，繼續討論「務實型人格的隱患」。

Dr. Bill若有所思：「像 Yvonne這樣的人，應該是典型的務實型人格吧？他們專注於解決外部問題，但不太願意探討自己或他人的內心。」

Dr. Mary點頭：「是的，這類人可以在日常生活表現如常，甚至在工作上很出色。但他們的情緒世界基本是空白的。比如 Yvonne，她只會問同事有沒有看醫生，卻不會去關心對方的感受。」

Dr. John輕輕敲了敲桌子：「這讓我想起一些父母。他們可能會非常盡責地滿足孩子的物質需求，督促孩子取得成就，但從來不關心孩子的情緒狀態。表面上一家人看起來過得很正常，但他們其實依賴外面的認同來維持內心的平衡。」

Dr. Emma：「他們不指望親密關係能帶來深入的情感交流，卻需要『有個人』陪在身邊，像一個情緒的支撐點，一旦支撐點消失了，整個人就崩潰，比如伴侶離開或去世，他們就會陷入情緒混亂，完全不知所措。」

Dr. John聳聳肩：「這類人平時看起來挺堅強，但當安全感的對象不在了，他們就會失控。」

Dr. Bill摸了摸下巴：「我們在治療這類患者時，要怎麼幫助他們建立內在的情緒調節能力？」

Dr. Mary思索片刻：「每當遇到類似病人，要讓他們慢慢學會接觸自己的內心，並理解情感的重要性。這不容易，但唯有這樣，他們才能真正獨立，不再過度依賴外部的支撐。」

Dr. Emma微笑：「總得有人幫他們撥開那些『覆水難收』」、『是否有用』等觀念，讓他們看到情感也是生活的一部分。」

四人互望了一眼，都知道這種轉變並非易事。但他們也明白，這是幫助患者打破情感禁錮、重建自我平衡的關鍵。

自我調節與免疫系統：情感與身體的聯繫

Dr. Emma說：「這類務實型人格的人，失去調節性的人際關係後，會變得很脆弱。他們缺乏內在的語言來理解和表達情緒，只能透過身體發出痛苦的信號，像是一種無法用言語傳達的求救訊號。」

Dr. John：「所以，當他們面對分離或失去時，連免疫系統都可能受影響，無法正常運作。」

Dr. Bill若有所思：「情感怎麼會影響免疫系統呢？這一直是個讓人困惑的問題。」

Dr. Mary輕嘆：「我第一次意識到這點，是在我母親 49歲罹患癌症的時候。她表面看起來很強大，是成熟優雅的女強人，但內心深處卻極度遏抑情感。」

Dr. Emma：「那就是所謂的『癌症性格』，對吧？那些太在意他人感受、從不表露負面情緒。」

Dr. Bill:「沒錯，我母親就是這樣。她總是努力保持積極，但她與婆婆的緊張關係，後來婚姻破裂，都讓她整個人崩潰，只是幾年時間，她就患上了癌症。」

Dr. John低聲說：「Lawrence LeShan 也有類似的研究。他發現許多癌症患者情感上被孤立，當失去重要依附對象後，病情就出現。」

情感遏抑與免疫系統的聯繫

Dr. Mary陷入沉思：「我也讀了 Lawrence LeShan 的研究，他發現癌症患者中，72% 曾與父母有困難關係，這讓他們在情感上感到孤立。

這些人通常會在年輕時把情感投入到某人或某事上，一旦失去這種依附，他們就容易生病。」

Dr. John點頭：「他在對照組中只發現 10% 有類似情況。這説明，情感依附的缺失和重大損失，可能會直接影響健康。」

Dr. Mary：「我母親就是這樣。她 16 歲離家，逃避與母親的關係，結婚很早，但在近 30年的婚姻後，我父親還是離開了她。幾年後，她就被診斷出癌症。」

Dr. Bill皺眉蹙額：「即使她那麼健康也不例外？」

Dr. Mary：「對，她運動、唱歌，保持良好飲食習慣，但疾病還是來襲。顯然，不只是生活方式，情感壓力也會削弱免疫系統。」

Dr. Bill：「不表達負面情緒的影響有多大？」

Dr. Emma：「Lydia Temoshok 的研究顯示，癌症患者越能表達憤怒，腫瘤部位的淋巴細胞越多，免疫反應也越強。憤怒的釋放能激活交感神經系統，有助於免疫細胞生成。而長期遏抑憤怒會增加皮質醇水平，這種壓力荷爾蒙會削弱免疫系統。」

Dr. John若有所思：「所以，不只是心理上的健康，情感表達也是維持身體健康的關鍵。這些研究揭示了情感與免疫系統之間的微妙聯繫；遏抑的情感，可能會讓健康付出沉重的代價。」

遏抑情感的代價

Dr. Mary：「我母親幾乎從不表現憤怒或負面情緒。現在回想起來，我常看到她下午早早回到床上，躺在昏暗的房間裡，似乎光是維持她的樂觀和成功，已耗盡了所有精力。」

Dr. Emma：「她可能在用睡眠來調節壓力，雖然這只能略微減少皮質醇水平。」

Dr. Mary嘆氣：「但我覺得，她對脆弱和失敗的恐懼，以及對悲傷和憤怒的遏抑，終究還是『打敗』了她。那些被忽略的情感，在她體內演變成無法控制的破壞過程，最終向她『抗議』和『復仇』。」

Dr. John：「你母親是典型的外向迴避型人格。表面快樂而充滿活力，但這種性格很容易誘發身心疾病。」

Dr. Mary：「是啊，她和我父親的關係就是最好的例子。她從不期待婚姻中的親密關係，只把父親當成生活的『背景』。這種簡化關係的方式，或許是她從與自己父母的互動中學來的。雖然她口才很好，但從不談論自己的感受，這可能是嬰兒時期與我祖母的互動所留下的印記。」

四人靜默，深感這些遏抑的情感如何悄然影響健康與生活。情緒不僅是一種心理狀態，更是一種內在的力量，若忽視它，終將以某種形式回應。

Dr. John嘆了口氣，說：「我外婆是個古怪人物，她總是要求很多，自己卻很少付出。她對人冷冰冰，挑剔又嚴苛，甚至相信嬰兒哭有助於『強健肺部』，這想法在當時的社會中很流行。」

Dr. Mary好奇地問：「所以你媽媽是在這種環境長大的？」

Dr. John點點頭：「是啊。我媽從小就學會了堅強獨立，努力符合外婆的期望。她總覺得做人不該依賴別人，因為在那種家庭裡，親密和情感依賴是被視為軟弱的。但我認為，她的童年肯定充滿了壓力，因為外婆根本不懂得怎麼給予溫暖。」

Dr. Emma皺眉：「高壓環境下成長，應該會影響免疫系統吧？」

Dr. John接著說：「沒錯。高水平的皮質醇會干擾嬰兒免疫系統的發展，影響胸腺和淋巴結。我看過靈長類的研究，早期分離會削弱免疫力，讓人更容易生病。相反，如果嬰兒能得到足夠的親密接觸和母乳餵養，免疫系統便能更好地發展。所以壓力不僅影響心理，也會損害身體的抵抗力。」

Dr. John點頭：「是的。而且不只如此。這些早期的經歷也塑造了我們應對壓力的方式。有些人會變成所謂的『低反應者』，像我媽那樣，她在嚴厲的家庭長大，對體罰和批評早就習以為常。我外婆甚至有一根專門用來打孩子的棍子，還時常言語攻擊。我媽可能就是在這樣的環境下學會遏抑情緒，導致皮質醇水平長期偏低。媽媽最後罹患肉瘤，一種軟組織的癌症。」

Dr. Emma：「事實上，低皮質醇常與某些自體免疫疾病有關，比如關節炎、過敏、慢性疲勞綜合症等等。我媽也有花粉過敏和關節炎的傾向。更糟的是，有些人甚至會發展出一種『癌症性格』，在困難環境下默默忍受，不抱怨不求助，但很不開心，把壓力埋在心裡。刺激了癌細胞的滋生」

Dr. John感嘆：「看來遏抑情緒的代價真的不小啊。」

Dr. Bill苦笑：「是啊。表面上看起來堅強，其實內心承受了巨大的生理風險。」

Dr. John若有所思地說：「你提到的『癌症性格』，現在已經不那麼流行了吧？」

Dr. Emma點點頭：「沒錯，現在更多人接受的是『疾病易感性人格』的理論。這個觀點認為，不同疾病其實常常源自情感遏抑。換句話說，無論是心臟病、免疫系統疾病，還是慢性病，很多時候背後都有類似的心理根源。」

Dr. Mary 接著說：「我認識一位很優秀的醫生同事，他很出色，待人接物也機智得體，但他竟然患上甲狀腺癌，可是根本沒有家族遺傳。後來我知道他在婚姻中，啞忍了很多委屈和無奈，知道後他的情況，我不禁哭了。」

Dr. John回應：「在 20世紀 40、50年代的精神分析醫生早就注意到，很多『身心疾病』與被遏抑的情感有關。他們的治療方法就是讓患者把這些被遏抑的情緒帶到意識層面，然後釋放出來。現代理論則更進一步認為，當一個人無法體驗和處理各種情緒，就會失去了內在的平衡。」

Dr. Bill點頭：「人是一個自我調節的有機體，一旦這個調節失敗，健康就出問題了。」

Dr. John回答：「正是如此。我們的身體由不同的系統組成，彼此之間不斷傳遞信息來維持平衡。情感是這些系統的核心之一。情感是我們對環境和他人的生理反應，指引我們作出反應。但如果這些情感被遏抑了，信息流就被阻斷，我們的身體就無法靈活應對環境變化。這也就是為什麼遏抑情感會導致僵化的行為。」

Dr. Emma點點頭：「沒錯。當我們無法從內心的信息中獲得指引，只能依賴外部標準或抽象概念時，行為就會變得死板。我們內部的神經系統、內分泌系統等也會因為信息傳遞受阻而失去調節的能力。所以情感本質上既是社會性的，也是生物性的。」

Dr. Mary補充：「當我們感受到情緒時，不只是大腦在產生反應，我們的神經系統、內分泌系統等都在發生生理變化。如果這些感受被遏抑，我們就失去了調節系統的重要反饋。如果你遏抑了憤怒，你的身體會保持在高度喚醒狀態，但你卻無法表達出來，也無法與對方解決衝突，結果你的自主神經系統和肌肉反應無法恢復平衡。」

Dr. Emma説：「所以對伴侶最大的傷害，就是完全忽略，例如刪除聯繫方法等，連吵架的機會也不給。

「身體的喚醒狀態就是我們感知情緒的基礎，比如當你說『我感到嫉妒』時，這是我們有意識地表達身體內部激活的方式。即使我們不說出口，身體內部也在發送信號。但如果我們無法覺察自己的情緒，那些激活就無法轉化為有用的反饋，身體的各個系統也無法有效調節。」

Dr. Emma總結道：「這樣看來，情感遏抑不僅會讓我們失去心理上的健康，還可能引發各種生理疾病。情感與身體健康密不可分。我們需要學會接納和體驗情緒，這樣才能維持內在的平衡。」

Dr. John說：「情感不只是心理現象，也直接作用於生理系統。Candace Pert研究揭示了這一點。她認為情感就是生化『信息物質』的分子表現。每當我們有情感時，神經肽和神經遞質的特定組合會激活，這不僅在大腦中發生，還遍佈全身。」

Dr. Bill接過話題：「所以我們是用全身在感受情緒，而不只是用大腦？」

情緒的生物化學

Dr. John解釋：「對的，Candace Pert發現神經肽受體在脊柱和腸道的密集程度更高，甚至免疫系統也能產生和接收這些生化物質。這意味著，我們不僅用腦袋在感受快樂或悲傷，免疫細胞也能『感受』到這些情緒反應。」

Dr. Mary點頭說：「我聽過類似的說法，像 Depak Chopra 提到，免疫系統也能經歷快樂和興奮。所以，情感可以通過神經系統和免疫系統之間的相互作用來傳遞。」

Dr. John回應：「沒錯。身體的通信系統非常複雜，不只是通過神經，還會通過血液和淋巴系統相互傳遞信息。當我們進入『戰鬥或逃跑』狀態時，迷走神經會將這些緊張信號傳遍全身，而副交感神經系統就令我們在經歷危機之後回復平靜。」

Dr. Bill問：「免疫系統也會受到過去經驗的影響嗎？」

Dr. John說：「會的。Robert Adler 的研究證明了這一點。他發現免疫系統也有記憶。在一個經典的實驗中，他用甜水和不愉快的藥物同時給大鼠，藥物讓大鼠感到噁心並抑制了免疫系統。後來，即使只給甜水，大鼠的免疫系統也會因為預期反應而受到抑制。所以，免疫系統和我們的認知模式之間是緊密連接的。」

Dr. Emma繼續：「免疫系統不再被看作一個封閉的系統。它像一個『身體的大腦』，有記憶，有歷史。Adler-Cohen 後來的研究還發現，免疫系統會受到神經肽影響，比如血清素和皮質醇。這意味著我們的情感和想法會直接影響免疫反應。」

Dr. Mary說：「這也解釋了為什麼長期壓力或情緒困擾會導致免疫力下降。」

Dr. Emma點頭：「正是如此。皮質醇是影響免疫系統的關鍵神經肽之一。長期的情緒遏抑會導致皮質醇水平紊亂，進而削弱免疫力。所以，我們的身體和情感系統之間是高度互相依存的。」

Dr. Bill總結道：「聽起來情感管理不只是心理健康的問題，還關乎整體生理健康。看來我們應該更重視自己的情緒反應，這樣不僅心情會好，還能讓免疫系統更強大。」

Dr. John微笑回應：「沒錯，善待自己的情緒，是保持健康的重要一步。皮質醇對免疫系統的影響早已有大量研究證明。在短期壓力下，皮質醇的作用是讓免疫系統暫時減弱，把能量集中在應對眼前的危機上。但當壓力成為慢性，比如長期的情感創傷或關係困難，皮質醇的持續釋放就會嚴重削弱免疫系統，所以長期壓力會讓免疫系統無法正常工作。」

Dr. Bill補充：「皮質醇會阻止白細胞在體內移動，抑制自然殺傷細胞和細胞因子的產生，而這些都是免疫系統的重要元素。研究表明，長期壓力的小鼠罹患癌性腫瘤的概率顯著增加，而沒有經歷此類壓力的小鼠則沒有這種現象。」

Dr. John說：「我想起 Dr. Mary母親的故事，還有 Dr. Mary那位優秀的同事，他們在患病之前承受了巨大的情感壓力。」

Dr. Mary嘆了口氣：「媽媽在她病倒之前，她失去了丈夫和家庭，後來她的情人也突然去世。這些打擊無疑讓她的壓力荷爾蒙水平飆升。但她不習慣向人尋求安慰，所以她的情感無法得到調節。她選擇躺在床上，拒絕與他人接觸，逃避情感上的痛苦。」

Dr. Emma問：「我聽說自然殺傷細胞對抑制癌細胞特別重要。如果長期承受心理壓力，自然殺傷細胞水平就會降低，這是否與免疫力減弱有關？」

Dr. Bill解釋：「沒錯，研究顯示，缺乏社會支持或長期承受心理壓力的人，通常自然殺傷細胞水平較低。這意味著，情感遏抑而不向外求助的人，免疫功能會更差。研究還發現，能向他人傾訴和尋求幫助是良好健康的重要指標。而那些不願意求助的人，通常具有不安全的依戀類型，尤其是迴避型依戀——他們傾向於情感上自給自足，避免依賴他人。」

Dr. Bill若有所思：「這樣看來，情感調節的模式其實早在幼年時期就開始形成。這不僅影響心理健康，也影響免疫系統的發育。早期生活中的情感體驗會塑造我們的壓力反應系統和免疫系統。那些嬰兒時期沒有得到良好照顧的人，晚年患上身體疾病的風險也更高。這的確是一個殘酷的現實。」

Dr. Emma點頭同意：「沒錯。我們不僅要關注自己的心理健康，還要意識到情緒如何影響整體生理系統。這是無法忽視的健康課題。」

是時候四人要外出吃飯了，小休片刻，討論還會繼續。

Dr. Bill提到一個個案。

Dr. Bill說：「讓我分享翁靜晶小姐的故事，說明了嬰兒期的情感遏抑與疾病之間的複雜關聯。翁小姐是《危險人物》銷書系列的作者，也是一個律師。她的人生很傳奇，童年經歷情感疏忽和遏抑，但她的健康和遏抑情感的後果，卻不完全符合我們通常的模式。

「根據網上的資料，翁小姐家境富裕，但父母離異，媽媽重男輕女，對她非常忽略，所以她曾經離家出走。翁小姐第一段婚姻很有可能想找到窩心的愛和關懷。

「雖然如此，翁小姐不僅沒有什麼嚴重健康問題，還義不容辭為社會不公義的事發聲，出錢出力。她的表現似乎不受限於童年被疏忽照顧的經歷，這也可能與遺傳、智商、環境因素以及她自己如何處理情感有關。」

Dr. Bill補充：「沒錯，這正是我想強調的。嬰兒期的創傷和遏抑情感固然重要，但這並不一定會直接導致某種特定結果。所以，即使早期生活有壓力或創傷，不同人還是會有不同的結果。正是如此。有些人可能因為遏抑情感而出現免疫系統問題，有些人則把情感轉化為創作、工作的動力。」

Dr. Mary總結道：「這個案例提醒我們，不應該簡單地把疾病歸因於某個單一因素，而要考慮遺傳、環境和個體的情感處理方式之間的複雜互動。每個人的生命歷程都是獨特的。」

Dr. Bill接著說：「試圖遏抑情感可以表現為各種形式，有些人酗酒、濫藥。這類成癮行為在缺乏自我調節能力的人群中相當普遍。這些成癮行為和他無法從他人身上獲得安慰是有關的。」

Dr. Emma點頭：「是的。由於不安全的依戀模式讓他無法從關係中獲得情感支持，只能尋求其他方式來讓自己感覺好一點。這樣的選擇不僅受社會環境的影響，也可能受到父母行為的影響。如果一個人從小在酗酒的家庭長大，酒精就會被自然地視為一種減輕心理痛苦的手段。」

Dr. John補充：「遺傳因素也能增加成癮的風險，尤其是在父母也有成癮傾向的情況下。同樣的道理也適用於食物成癮。像甜食這種東西，如果從小被當作『獎勵』，過量食用巧克力和餅乾就可能變成一種面對情感空虛時的自然反應。」

Dr. Emma回應：「沒錯，自我藥療的選擇往往是一種試圖舒緩情緒困擾並減輕生理不適的方式。例如，抑鬱症通常與低血清素水平有關，而碳水化合物和甜食有助於釋放血清素。所以，當有人情緒低落時，渴望吃甜食並不奇怪。糖還能刺激 β-內啡肽的釋放，緩解身體和心理的疼痛。

「我看到過類似的研究。離開母親的小鼠如果喝了糖水，牠們的哭泣次數會減少，而且對身體疼痛的反應也會降低。」

Dr. John點頭：「這正說明了人們為什麼在感到痛苦時，會使用物質來自我藥療。這是一種試圖恢復內在平衡的方式。然而，使用食物或藥物來舒緩情緒，最終可能導致成癮。因為不斷依賴甜食或酒精，身體的 β-內啡肽受體會變得不再敏感。當長期攝入過多甜食，β-內啡肽受體會逐漸關閉，導致需要吃更多甜食才能達到同樣的效果。酒精的成癮機制也相似。酗酒者需要不斷增加攝入量才能獲得最初的放鬆或止痛效果。」

Dr. Mary若有所思：「所以成癮本質上是一種惡性循環，試圖彌補情感上的缺失，但卻最終加劇了生理和心理上的失衡。」

Dr. John補充：「沒錯，這就是為什麼建立健康的情感調節和尋求社會支持如此重要。依靠外部物質來填補內心的空虛，不僅無法真正解決問題，還會帶來更多健康風險。這提醒了我們，真正的平衡必須來自情感和生理系統的協調，而不是僅僅依靠食物或酒精這些外在的東西。」

Dr. Emma：「令人驚訝的是，不吃東西也能像暴飲暴食或吸毒一樣，成為一種上癮的形式。而且，厭食症同樣可能致命。在飲食失調的患者中，死亡率或自殺率高達2%到22%。這些狀況通常在青春期或成年早期開始，往往從一個看似無害的減肥計劃開始。所以，節食最終會讓人走向一種生理上的成癮。」

Dr. Mary點頭同意：「是的。這些女性一開始忽視了身體對碳水化合物的渴望，但隨著節食的持續，腦內啡的分泌增加，帶來了一種興奮的感覺。即使她們的活動水平下降、與人隔離，這種飢餓的狀態卻可能讓她們感到某種解脫。」

Dr. Bill補充：「這種飢餓本身能夠提供情感上的麻木感。雅片類藥物就是這樣起作用的。厭食症患者的身體會自我分泌類似雅片的物質，讓她們感到麻木。一位在厭食症治療中心的患者曾寫信給父母，說出了她為何如此專注於控制體重和食物。」

Dr. John問：「她是怎麼說的？」

Dr. Bill回應：「她在信裡寫道：『我們專注於食物和體重，是為了逃避那些令

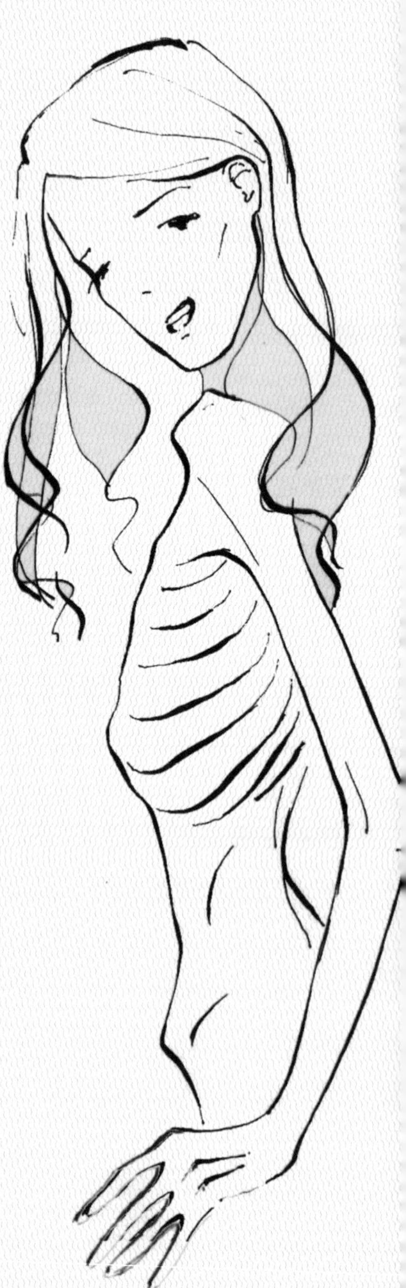

人不舒服的情緒，比如憤怒、悲傷、焦慮和內疚。我們從小就被教育要遏抑這些情感，因為表達情感與『淑女』的形象不符，沒有人願意和一個情緒低落的人在一起。所以厭食症不僅是身體上的問題，也是情感上的避難所。」

Dr. Mary點頭：「是的，對這些患者來説，厭食是一種控制感和解脱感的來源，讓她們不用去面對內心的情緒。而這種狀態會讓她們不知不覺地上癮，難以擺脱。」

Dr. John説：「這和我們討論的其他成癮機制如出一轍。無論是酒精、食物還是厭食，成癮背後都是一種逃避情緒的方式。而這些成癮行為最終又會加劇與他人的隔絕，使問題更加複雜。」

Dr. Emma總結道：「這讓我們更加認識到，情感健康在這些問題中的核心地位。我們需要的不只是身體上的治療，還需要幫助這些人重建健康的情感表達方式。」

Dr. Mary點頭：「沒錯，只有重新學會如何處理並接受自己的情緒，病人才能真正走出成癮的循環。」

Dr. Mary説：「Danna是我的病人，她的成長環境揭示了家庭氛圍如何影響情感調節和厭食症的形成。她的母親是極其注重外表和飲食的健身愛好者，家庭氛圍雖然溫馨，但充滿壓力。作為獨生女，Danna是父母的關注中心，他們非常愛她，卻對她也有極高的期望。Danna努力滿足父母的需求，尤其是她母親的要面子的虛榮感。所以她不斷努力做一個『好女孩』，就是為了取悦母親。」

「Danna從小就學會了遏抑自己的願望和感受，專注於母親的需求。她甚至連在朋友家過夜都不敢，因為她擔心母親會感到冷落。她的家庭看似緊密，但每個人的情感界限卻非常模糊。父親會替母親表達感受，母親會替 Danna發聲，而 Danna則為其他家庭成員代言。這種模式導致她無法清楚地辨識和表達自己的情感。」

Dr. John說：「這聽起來像是一種『糾纏在一起』的家庭模式，個體間界限不清。」

Dr. Mary補充：「正是如此。Danna和母親的關係變得極為密切，但這種依賴也阻礙了她的成長。當她試圖邁向獨立時，她面臨巨大的情感壓力，既無法擺脱對母親的依賴，又對探索外部世界感到恐懼。到青春期時，她的情感需求與壓力急劇增加，但她學到的應對方式並不是表達情感，而是將情緒遏抑在控制食物的行為中。

「減少食物攝入成為了 Danna的一種情感調節方式。當她感到壓力或情緒失控時，控制飲食讓她感到一種扭曲的平靜。通過餓肚子，她成功地麻木了自己的情感。隨著治療的進行，Danna開始正常飲食時，她描述了重新意識到情感時的強烈不適。」

Dr. Emma好奇地問：「Danna的母親對她的情感需求有什麼反應呢？」

Dr. Mary嘆了口氣：「她的母親無法有效應對 Danna的情感困擾。有時候，母親甚至會否認 Danna的感受。比如，當 Danna最好的朋友搬走了，她感到孤獨，母親會説：『你並不孤獨，你還有我們。』她很難理解或承認Danna的真實情緒，甚至常把自己的感受投射到Danna身上。如果她感到房間太熱，就會認為 Danna也一定覺得熱。」

Dr. Bill補充道：「研究表明，厭食症的形成可能與遺傳因素和氣質有關，如完美主義和焦慮。」

Dr. Mary點頭：「這些特質往往被認為是調節情緒能力不足的表現。當人無法處理困難的情緒時，他們可能會選擇迴避，而不是正面應對。因此，他們會追求完美和外界的肯定，以尋找自尊感。在 Danna的情況下，維持一切的完美成了她的自我保護機制，她不希望讓依賴她的人感到不快。

「但這樣的行為最終會讓問題更嚴重。諷刺的是，當厭食症的行為愈演愈烈時，Danna父母開始感到巨大的痛苦，家庭也因此陷入激烈的衝突和不安。厭食症患者試圖通過控制飲食來穩定內心，但這種行為卻往往引發更大的情感風暴，讓她們和家人更加無法應對。」

Dr. Emma總結道：「所以，解決這些問題不僅需要幫助患者恢復正常飲食，還要重建他們的情感調節能力，並修復家庭中的關係。只有通過學會辨識和表達自己的情感，患者才能真正走出厭食症的陰影。

「我們討論的調節問題，根源可以追溯到嬰兒期。壓力反應是調節的重要組成部分，而厭食症患者的壓力反應系統非常敏感。他們的CRF（促腎上腺皮質激素釋放因子）和皮質醇水平偏高，且腎上腺對ACTH的反應過強，即便在康復後，這種狀況也常常持續。這表明，這種失調不僅是飢餓的影響，因為飢餓本身也會提升皮質醇水平。所以，厭食症患者不僅面對飲食問題，他們的內在生理系統也長期處於失衡狀態。」

Dr. Mary接著説：「CRF水平的升高也與抑鬱有關。在與母親分離的嬰兒和成人抑鬱症患者中，我們同樣發現了這種高水平的 CRF。這可能反映了一種基本的生存恐懼，尤其是在缺乏安全依戀的情況下，即使母親在身邊，孩子也未必感到情感上的安全。」

Dr. John插話：「像Danna那樣，從小並不被允許擁有自己的感受？」

Dr. Mary點點頭：「Danna相信，擁有父母不希望她有的感受會讓父母感到不安。她的父母更多地把她視為滿足自己需求的延伸，而不是獨立個體。這傳遞給 Danna一個隱含的信息：她不應該成為一個有自我需求和感受的人。這樣的孩子就像沒有自己的靈魂一樣。」

Dr. John皺眉：「這種成長環境會讓人難以理解和信任自己的情感，對吧？」

Dr. Mary回答：「沒錯。當孩子的感受經常被錯誤標記和否認，她就會逐漸迷失在他人對她的期望中。她的情感變得模糊，成為一種無法準確解讀的身體感受，而無法發展成為可以討論和表達的具體情緒。」

Dr. Emma補充：「這讓我想起了一些厭食症患者，她們很難識別自己內心的狀態，並且在承認或表達憤怒和願望方面有困難。」

Dr. Mary繼續：「這些情感調節的困難往往植根於與身體的疏離和對情感的逃避。嬰兒期的需求未被適當回應，導致他們難以自我調節，並希望他人能無條件地理解和滿足他們的需求，正如嬰兒依賴母親那樣。所以有些人長大後，會不斷尋找一個『完美的伴侶』，希望對方能填補他們內心的空洞。

「這些人不停地從一段關係轉向另一段關係，追求理想的另一半。另一些則表現為迴避型，他們害怕依賴，擔心一旦依賴就會被拋棄，因此選擇在有問題的關係中委曲求全。」

Dr. Bill說：「但這些關係都缺乏韌性，因為它們沒有真正處理和修復情感衝突的能力。」7

Dr. Mary補充：「正是如此。當情感被遏抑和忽視，關係就變得脆弱，缺乏靈活性。我們不需要『太過好人』、表現『太過堅強』，其實這樣做是很危險的。我們需要情感流動來維持生理和心理系統的良好運作。情感是重要的信號，不僅在我們的身體內部傳遞信息，也在我們與他人的互動中發揮作用。

「情感是自我的一部分，應該用語言來闡述和分享。只有當我們學會辨識並表達情緒，情感才能在自我中佔據適當的位置，促進我們的身體和心理健康。」

不知不覺，已接近晚飯時間，大家感到非常充實，默默地回味這次的豐富的討論。

第五章

憂鬱的寶貝：早期經歷可以改變大腦化學，導致成年後的抑鬱症

成為上帝的摯愛意味著我們被接納、祝福、破碎，然後給予他人。《盧雲神父：摯愛的生命》

這天，Dr. Emma約了 Alice參觀故宮博物院，之後她們一起享受下午茶。

「餵母乳可以減少抑鬱的寶寶嗎？話說回來，真的有抑鬱寶寶嗎？」Alice問。

「你怎麼看呢？」Dr. Emma問。

Alice：「我總覺得母乳喂養不僅是營養問題，也是一種情感聯結，或許會減少抑鬱寶寶的發生。」

Dr. Emma：「不僅對寶寶好，對媽媽也有正面幫助。母乳喂養確實有重要的情感和生理作用。母乳喂養期間，母親的杏仁核會減少分泌促腎上腺皮質激素，這能減少焦慮和恐懼。加上催乳素的作用，母親會感到更加寧靜，這種平和能幫助她更好地安撫寶寶和管理他的壓力反應。」

Alice：「這聽起來像是一種雙向的調節過程。」

Dr. Emma：**「沒錯。一旦母乳喂養的節奏建立起來，它能讓嬰兒感**

到安全。母親的存在、喂養和觸碰不僅能舒緩嬰兒的不適，還能調節嬰兒的大腦皮質醇水平，避免壓力反應過度活躍。這種早期經驗對大腦的發展至關重要，因為它幫助嬰兒儲備足夠的皮質醇受體，使他們在面對壓力時能迅速停止皮質醇的釋放。」

Alice：「如果嬰兒沒有這些保護性的經驗呢？」

Dr. Emma：「這正是問題的關鍵。如果嬰兒長時間缺乏母親的照護，不論是因為瓶喂還是母親的缺席，他的壓力反應可能會提前啟動，皮質醇水平會升高。由於皮質醇受體不足，大腦無法有效清除皮質醇，尤其是在海馬體和下丘腦中，導致長期的高壓狀態。」

Alice：「所以，這樣的嬰兒會更容易面對未來的壓力失調？」

Dr. Emma：**「是的。他們的大腦建立了一個過度反應的壓力系統，這種系統與抑鬱症高度相關。長期壓力會持續激活皮質醇分泌，但因為缺乏受體來中和，壓力感無法消退，讓他們更容易陷入抑鬱。我們在治療抑鬱症時，也應該關注患者的早期經歷。 尤其了解患者在生命早期是否缺乏情感支持，能幫助我們更好地理解他們的壓力反應模式。這不僅是單純的生化失調，更涉及到心理和環境的交互作用。」**

Alice：「從這個角度出發，治療不應只依賴藥物，還需要幫助患者重建他們的情感聯結。」

Dr. Emma：「我真的遇到一個抑鬱寶寶。」

「原來父母遺傳給孩子的，不僅是 DNA，還有一些潛藏的痛苦。」我對 Alice說。

ADA的故事

「Ada 是我的病人，她剛剛生下兒子。

「醫生，你是說⋯我也會把那些陰影帶給囝囝？」Ada的聲音顫抖著，她雙手不自覺地握緊。

Dr. Emma點了點頭，「我們稱這種情況為『育嬰房中的鬼魅』（ghosts in the nursery)。遭受虐待的孩子，長大後常會不自覺地重演那些傷害。這不是你想要的，但那些過往已成為潛藏在你心底的惡魔。」

她低頭沉默，隨後哽咽地說：「爸爸⋯從小虐待我，做出那些不可饒恕的事。他那雙手成了我內心的惡魔。就算我想逃離，但它一直存在。」

第一天遇到 Ada，她抱著囝囝走進診症室。囝囝才十個月大，卻精力充沛，一直扭來扭去。

「囝囝好活潑啊，樣子像足他父親。」Dr. Emma笑著說。

「是啊，完全不像我。」Ada無奈地笑了笑。

但 Dr. Emma留意到她眼中的疲倦，整個人看起來無精打采，情緒低落。我評估後，診斷她患有產後抑鬱症。

「Ada，抑鬱症其實很普遍的，很多媽媽也會遇到這樣的情況。」Dr. Emma溫柔地說明，「而且有些媽媽甚至在懷孕時就開始出現症狀，這樣的情緒可能會延續到產後。」

她點點頭，似乎有些鬆了口氣。「我一直覺得自己有問題，照顧囝囝真的很累，感覺自己做什麼都不對。」

「這段時間，我們會幫助你逐步調整情緒，也會觀察你和囝囝的互動，了解對他成長的影響。」Dr. Emma說。

經過一個月的治療，Ada的情緒和睡眠有了改善。然而，有天她突然跟我說：「醫生，我真的不能再照顧囝囝了，可以幫我找社工安排一下嗎？」

Dr. Emma一愣，問道：「Ada，你確定嗎？囝囝現在還很需要你的陪伴。」

「我⋯我怕我會像我父母對待我那樣對待他。」她低下頭，聲音有些哽咽，「我不是不想照顧他，是我真的無法承受⋯我不想讓他遭受跟我一樣的傷害。我想送他到育嬰機構。」

「你是擔心他會遭遇性侵的痛苦，所以選擇大型院舍而非寄養家庭，是嗎？」

「對，我害怕…寄養家庭不安全。」Ada急忙辯解，語氣中夾雜著恐懼和執拗，「在院舍，至少不會有那種…那種威脅。」

「但這樣的選擇，可能會讓囝囝也失去親密依附的機會。」Dr. Emma耐心解釋，「這種依附模式的缺失，對孩子的成長也有深遠的影響。孩子需要的是一個穩定的、一對一的關係來建立安全感，而不是機構化的環境。」

Ada的眼神黯淡了下來，「我明白，可是…我不想冒險。」

我深吸一口氣，輕聲說：「Ada，這不是你的錯。應該負責的，是毀了你生活的父母。但我們需要面對這些『鬼魅』，否則它們將一代代傳下去，影響到我們所愛的人。」

她沉默了，許久之後才開口：「囝囝是無辜的…但我也無辜啊。我只是想保護他，卻不知該怎麼做…」

「我們可以一步一步來。面對過去的傷害，讓自己從那些陰影中走出來，這樣才能真正地保護他，也保護你自己。」

考慮到她的過去，Dr. Emma理解她的擔憂。最終，社工幫她安排了大型兒童院舍。

幾周後，Ada抱著囝囝回來診所。外面的接待姐姐驚訝地說：「醫生，你看他多乖！」

Dr. Emma接過囝囝，卻發現他完全沒有反抗，甚至沒有表情，低頭啜著手指，避開了我的眼神，「任人擺布」。

這是不正常的「乖」啊！這是依附關係破裂而致的抑鬱的徵狀。

「囝囝可能因為長期離開你，正在經歷依附性抑鬱。」Dr. Emma告訴她，心裡也感到不安，因為這種情況對孩子的成長有深遠的影響。

Dr. Emma向她解釋了 Rene Spitz的研究，說明長期與照顧者分離的嬰兒，容易陷入自我封閉的狀態，並可能出現發展遲緩的情況。

接下來幾次見面，Dr. Emma鼓勵 Ada多與団団互動，並觀察団団的依附模式。

「Ada，來，跟団団玩一下吧。」我遞給她幾個玩具。

她略顯遲疑，但還是接過玩具，開始輕輕逗団団。団団的反應仍然遲鈍，但偶爾還會看看她，似乎對母親的陪伴有些反應。

這一刻讓 Dr. Emma看到了希望。Ada和団団的關係依然存在修復的可能。卻要經過長期治療和支持，也許他們可以重新建立穩定的依附。

為何社會越發達，越多人患上抑鬱症？

Dr. Emma：「這是我另一個病人的告白：她說，每天早晨是最難熬的。醒來時，她感到惡心，肌肉緊繃，毫無動力起床。『有什麼意義呢？』她常問自己。沒有什麼事情讓她感到快樂，也沒人關心她。她的身體像在疼痛，但無法確定疼痛的部位。一種如飢餓般的空虛感困擾著她，但她毫無食欲，只想縮在床上，逃避這個世界。她腦海中不斷回放著過去的失敗和羞辱——雇主責備她的畫面、前伴侶的話語：『這行不通，你的要求太多了。』她感到自己毫無價值，也永遠不會被需要。」

「抑鬱症的一個顯著特點是強烈的身體感受，這讓人們容易將其歸因於生化失衡，好像是大腦某種功能障礙或遺傳缺陷。Fonagy教授曾詢問過 20位患上抑鬱症的家長，幾乎所有人都認為抑鬱是『大腦化學』

和『壞基因』的問題。

「的確，抑鬱症患者通常有血清素和去甲腎上腺素水平的下降，但研究表明，這些化學變化並非抑鬱的唯一原因。實驗顯示，即使降低心理健康的受試者血清素水平，他們也不會因此感到抑鬱。這意味著，抑鬱症不只是因為某些神經遞質的缺乏，更可能是長期壓力反應的結果。所以，抑鬱症並非單純的生化問題，而是心理、社會和生理因素共同作用的結果。理解這一點，有助於我們更全面地支持患者，而不是僅僅依賴藥物治療。」

．．．

這天，Dr. Emma與醫學生一起上課：

Dr. Emma：「抑鬱症病人求助，可能會被建議用藥物調節她大腦的生化失衡。像百憂解（Prozac）這類抗抑鬱藥是常見的治療選擇，有些人使用後能恢復心理平衡，但效果並非對所有人一致。」

醫學生 ：「藥物的成效如何？」

Dr. Emma：「根據研究，只有約三分之一的患者能完全緩解症狀，另一部分有改善但症狀仍在，剩下的則無任何進展。目前製藥公司正利用神經成像技術，更精確地識別患者的生化失衡，同時研究一種叫CRF的壓力激素，期望能提升未來的治療效果。」

醫學生 ：「如果病人的抑鬱症和遺傳有關呢？」

Dr. Emma：「這的確可能帶來心理負擔。研究顯示，單卵雙胞胎的抑鬱症風險高於異卵雙胞胎，但我們仍不清楚遺傳的究竟是什麼。有些學者認為遺傳的可能是一種內向性格，而非直接的抑鬱症 。即便有遺傳易感性，環境因素仍是關鍵誘發條件。」

醫學生 ：「有哪些環境因素會引發抑鬱呢？」

Dr. Emma：「常見的有營養不足、如缺乏 B族維生素和 Omega-3脂肪酸，以及童年失親或搬遷等生活壓力事件。抑鬱症同時受到生物和心理因素的影響，如果患者的大腦化學物質失衡，她的負面想法和經歷，如感到被拋棄，也會加重病情。我認為抑鬱的核心是脆弱的自我意識。當一個人因營養不足、關係破裂或遭受羞辱等事件而失去心理支持時，這種內心的脆弱會讓情緒崩潰。不過，有些人即便經歷喪親等重大變故，也未必會抑鬱，但對那些本身傾向敏感脆弱的人來説，這些事件往往成為症狀的觸發點 。理解抑鬱症的複雜性，並為患者量身定制個人化治療方案，是我們身為醫療專業人員的挑戰，也是我們的責任。」

醫學生 ：「這種脆弱的自我意識源自哪裡呢？」

Dr. Emma：「Ida是一位二十多歲的電腦工程師，然而她一直在與抑鬱症搏鬥。她的童年充滿陰影，父親經常酗酒鬧事，母親則飽受憂鬱症的折磨。她清楚記得，有一天父親在怒火中將飯桌上的所有碗碟都摔得粉碎，甚至把她心愛的兔子丟到街上。母親在一旁淚流滿面，而Ida則感到心碎得無法形容，卻始終無法表達任何情感。

她常常覺得自己是個不幸的人，似乎從未體會過人與人之間的關愛與溫暖。生活在她眼中逐漸失去了意義，內心深處不禁幻想，有一天意外降臨，能夠結束她的生命，讓她不再承受這無邊的孤獨與痛苦。」

Dr. Emma：「Ida渴望認可、愛與歸屬，但也缺乏自信去獲得它們。雖然她五十多歲了，但這些負面的童年信息依然影響著她，雖然表面上她過著正常的成年生活。基於對人的恐懼，她拒絕跟異性發展親密關係。」

醫學生：「這些早期形成的信念怎麼會在成年後還持續影響她呢？」

Dr. Emma：**「她內心形成了一個『自我工作模型』，即她相信自己**

是失敗的，甚至是不幸的。這種無意識的信念讓她極易被外界的微小事件觸發，無論是鄰居的批評，還是感情上的挫折，都會讓她陷入不安崩潰狀態。

「因為不能忍受任何不安，Ida 乾脆把所有事情都災難化，凡事都作最壞打算。」

醫學生：「這和重度抑鬱症患者的情況類似嗎？」

Dr. Emma：「是的。事實上，約有 15%的重度抑鬱患者會走向自殺。這就是為什麼我們必須深入理解患者的內在運作模式，幫助他們改變這些根深蒂固的負面信念，避免悲劇的發生。」

醫學生：「這聽起來像是一項艱鉅的挑戰。」

Dr. Emma：「對呀，我們在治療中既要專注於調節生物機制，也要深入了解患者的心理歷程，幫助他們重建自信和歸屬感。」

醫學生 ：「為什麼抑鬱症似乎越來越普遍呢？」

Dr. Emma：「抑鬱症的個案確實正在上升，而且影響範圍非常廣。美國的統計顯示，每十個成年人中就有一個患有某種類型的抑鬱症，大約 17%的人在一生中會經歷一次重度抑鬱。對製藥公司來說，這是一個龐大的市場，他們投入大量資源研發新藥來迎合這個需求。」

醫學生 ：「抑鬱症的增加可能和藥物治療的普及有關嗎？」

Dr. Emma：「這是一個值得思考的問題。抑鬱症的發病率自 1950年代以來穩定上升，而恰好那時抗抑鬱藥物被發現。這可能是巧合，但也引發了另一個疑問：人們是否因為知道有治療方法，而更願意將自己的情緒困擾描述為『抑鬱』？」

醫學生：「那麼目前的研究主要集中在哪些方面？」

Dr. Emma：**「大部分研究聚焦於成年人腦內化學物質的變化和認知模式，因為這些是藥物和治療的主要目標。但我們必須承認，成人大腦的形成與早年經歷息息相關，然而，這些因素在抑鬱症的討論中往**

往被忽略。」

醫學生 ：「壓力反應和早年經歷如何影響抑鬱呢？」

Dr. Emma：**「研究顯示，慢性抑鬱通常與過度敏感的壓力反應有關，而這種反應是在嬰幼兒期被逐漸調整的。此外，早期缺乏情感上的安全感，或形成破壞性的『內在工作模型』（internal working model），會使個體更容易陷入抑鬱。換句話說，如果一個人從小就內化了『自己不夠好』或『不值得愛』的信念，這些想法在成年後仍會影響他們的心理健康。」**

醫學生：「所以我們不能只關注生物層面的治療？」

Dr. Emma:「絕對正確！」

人與人之間的聯繫，等於大腦之間的聯繫

Dr. Emma：「我們需要從更廣闊的視角理解抑鬱，包括探索患者早期經歷如何影響他們的大腦和情感發展。只有這樣，我們才能真正為

患者提供全面且有效的治療。

「接下來，讓我們深入探索那些缺失的維度。比如情感自信的建立和早期內在信念的形成，它們如何在抑鬱症的發展中扮演重要角色。我們需要的不只是藥物治療，還要幫助患者重塑他們的自我認知。」

．．．

這天，Dr. Mary跟學生上課。

Dr. Mary站在講台前，指著投影的簡報，說道：「今天，我們來討論母嬰關係對嬰兒早期發展的影響。特別是那些在壓力或抑鬱狀態下的母親，或者由保姆或傭人撫養的孩子，他們可能會缺乏嬰兒成長所需的關愛質量。心理分析家 Donald W Winnicot 在 1992年提出了『首要母親關注』(Primary Maternal Preoccupation)的概念，描述了母親在孩子出生後的一種產後狀態下，嬰兒的母親在生理和心理上都適應了對孩子需求的特殊定位，而這種關注對孩子的情感和心理發展至關重要。」

她接著說：「人際連接等同於大腦連接。嬰兒如果缺乏這些早期的幸福感和保護，他們未來的壓力反應會變得異常，甚至無法正常調節內在情感。」

一名學生舉手，詢問道：「這對大腦會產生什麼具體影響呢？」

Dr. Mary回應：「與母親缺乏積極的獎勵互動，會對大腦的化學物質產生負面影響。例如，去甲腎上腺素的水平會下降。這種物質對集中注意力和保持動力至關重要。如果嬰兒長期缺乏母親的陪伴和支持，成年後他們往往難以集中注意力或維持持久的努力，這正是許多抑鬱症患者面臨的問題。

「這種早期的情感缺失也會影響快樂和獎勵系統。」

Dr. Mary繼續解釋：「缺乏母親的關愛會限制大腦中快樂和獎勵系

統的發展。具體來説，嬰兒的大腦中多巴胺受體和鴉片受體的數量會較少，特別是在前額葉皮層這些控制快樂和獎勵的區域。如果嬰兒經歷了早期的情感互動的剝奪或持續壓力，這些神經元的數量可能會永久減少，這意味著他們在成年後更難感受到快樂和正面情緒。

「這也是為什麼我們會看到很多抑鬱症患者無法從生活中獲得快樂，甚至在最正常的情況下也感到空虛。他們的大腦結構已經發生了改變，影響了他們對快樂的感知。」

聽到這裡，一名學生問：「這樣的話，早期的情感缺失是否會讓這些孩子更容易發展出抑鬱症？」

Dr. Mary點頭道：「沒錯。這些早期經歷會改變他們的大腦發展，特別是壓力反應系統。這讓他們在面對壓力時更容易崩潰，而不易從中恢復。此外，他們缺乏足夠的多巴胺受體，這使得他們無法從正常的社交活動或生活中獲得應有的快樂和滿足感。」

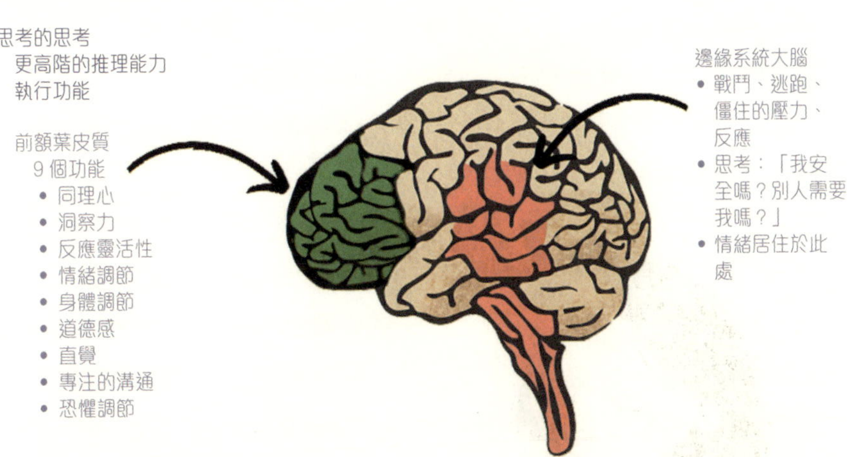

Dr. Mary繼續深入講解，並在白板上畫出大腦的結構圖，指向前額葉皮層和下皮層的區域。

Dr. Mary：「另一方面，一個經歷了大量有益接觸的孩子，或者在基因方面有更有利發展的孩子，可能會擁有更多的多巴胺突觸。這一點在 Collins 和 Depue於 1992年的研究中有所提及。擁有更多多巴胺突觸的孩子，對生活會有更積極的態度。」

她走向一名學生，問道：「你們覺得這種多巴胺活動的增強，對孩子的行為會有什麼樣的影響？」

學生思索了一下，回答道：「他們應該會更願意積極面對挑戰，對生活的體驗也會更加正面吧？」

Dr. Mary點頭：「沒錯，當多巴胺活動增強時，孩子會以更積極的方式接近新體驗。多巴胺在眶額皮層中流動，幫助他們迅速評估事件，並快速適應變化。這不僅使他們能夠具備延宕滿足的能力，還讓他們在做決定前能停下來思考，從而更恰當地靈活應對挑戰。」

另一名學生舉手：「反過來問，擁有較少多巴胺細胞的孩子會如何？」

Dr. Mary：「這是個很好的問題。擁有較少多巴胺細胞的孩子，對生活中的積極獎勵感知會較低。他們的適應能力和思考能力會變差，反應速度也可能較慢。這種孩子可能更容易感到沮喪，甚至在遇到困難時更容易放棄。

「神經遞質是我們大腦編碼感官體驗的方式，通過不同的神經通路進行傳遞。當經歷不同時，這些神經遞質的活動會影響『皮層突觸的神經化學傳遞變化』。

「這些變化不僅影響突觸的數量，也會削弱前額葉皮層與下皮層之間的重要調節連接。這種連接較弱的孩子，在處理情緒、壓力和做決策時，能力會明顯不足。這說明了早期的情感互動不僅影響我們的情緒發展，也直接影響了大腦的物理結構和功能。擁有健康、充滿愛的早期環境，有助於促進多巴胺系統的健康發展，從而讓孩子具備更強的適應和應對能力。」

母乳餵養

很快又過了一個星期，這天是 Dr. Emma到課堂上課。

「我們今天講講母乳餵養。」Dr. Emma說。

Dr. Emma站在講台前，指著投影屏幕上的簡報，開始講解：「今天我們來談談母乳喂養對嬰兒大腦發展的影響。現今，能夠持續母乳喂養超過幾周的嬰兒已經不多，但母乳喂養可能在嬰兒大腦的發育中發揮了關鍵作用，尤其是在提供大腦所需的多不飽和脂肪酸（PUFAs）方面。

「母乳中的多不飽和脂肪酸水平要比配方奶高，這些必需脂肪酸參與了神經遞質的產生，例如多巴胺和血清素，特別是在前額葉皮層中。這一點在 Larque等人的研究中得到了證實。」

學生舉手發問：「缺乏這些脂肪酸會產生什麼樣的影響呢？」

Dr. Emma回應：「動物研究表明，早期生活中缺乏多不飽和脂肪酸可能會帶來永久性的影響。如果大腦在斷奶前未能獲得足夠的營養，即便後來作了補充，仍然無法完全恢復（Kodas等，2002）。這意味著，對於人類嬰兒來說，早期脂肪酸的不足可能會影響神經遞質的平衡，特別是在前額葉皮層的發育中。缺乏足夠的多不飽和脂肪酸時，前額葉皮層的突觸密度會下降，這直接影響了大腦的功能。有趣的是，研究還發現，低 PUFA水平與抑鬱症有一定的聯繫。」

學生問道：「那麼，這些脂肪酸不足是否與成人的抑鬱症有關呢？」

Dr. Emma回答道：「有的。研究顯示，低水平的多不飽和脂肪酸可能與人類抑鬱症的發生有關。好消息是，補充 PUFA，或者通過高油魚飲食，已被證實可以幫助患者從抑鬱症中恢復。這表明脂肪酸的攝入對於神經遞質平衡和情緒健康有很大影響。所以，早期的營養，尤其是母乳中的多不飽和脂肪酸，對於大腦的發展至關重要，這不僅會影響到嬰兒期的神經發育，還可能對成年後的心理健康產生深遠的影響。」

「小休過後，我們談談『權力遊戲』。」Dr. Emma說。

嬰兒的權力遊戲

「你們知道嗎，看似一團麵粉的嬰幼兒，也會懂得人類的權力游戲！我們來看看當嬰兒無法獲得所需的情感關注時會發生什麼。這些嬰兒，尤其是那些感覺自己未能被充分保護免受痛苦的孩子，會過早地意識到自己的無助和無力感。

「這種無助的意識是過早的，因為一個嬰兒還沒有能力調節自己的痛苦，甚至無法為自己的利益行動。如果他的呼喊無人回應，他所能做的就是試圖不去感受痛苦，甚至在情感上『假裝死去』。如果他的需求讓照顧者感到困擾，這樣的反應可能是他唯一的自保方式。

「這種被動反應和成人在面對壓力時的行為類似。心理學家 Martin Seligmen 在 1980年代的動物實驗中發現，當老鼠被置於無法逃脫的困境中時，最終選擇了放棄，陷入一種絕望的狀態。即使當條件改變，這些老鼠仍然保持無助的反應，不再嘗試逃脫，這就是所謂的『習得性無助』。」Dr. Emma說。

控制感和壓力反應

她走到白板前，寫下「習得性無助」這個詞，並補充道：「嬰兒在持續得不到照顧時，也會經歷類似的情況。他們在無法控制環境的痛苦中，最終放棄抗爭，內心充滿無助感。」

學生問：「那麼，這種無助的狀態對身體的影響是什麼呢？」

Dr. Emma：「在這種無力和壓力的狀態下，嬰兒體內的皮質醇水平會急劇上升。Sapolski薩波爾斯基對狒狒的研究顯示，處於社會等級底層的個體會經歷極大的壓力，皮質醇水平也會相應升高。同樣，當嬰兒依賴於無法回應他們需求的父母時，這也是一種極大的壓力來源。」

學生 若有所思地問：「那麼，嬰兒會因為這種持續的壓力而受到長期影響？」

Dr. Emma點頭：「是的，這些嬰兒的生存感知被動搖了。他們作為依賴他人的社會生物，無法單獨生存，這使得被忽視、羞辱、威脅或困住變得極其可怕。這些情境讓他們感到不安全，進一步增加了壓力感。」

「反觀那些擁有社會權力的人或動物，他們感到安全，能自由表達自己的需求並預期這些需求會被滿足。然而，對於那些沒有這種力量的個體，最安全的行動方式就是退縮，屈從於他人的控制。這種習得性無助和高皮質醇水平不僅影響了嬰兒期的生存本能，還會對未來的心理健康產生深遠影響。這就是為什麼我們要關注早期的情感支持，它對孩子的長期健康至關重要。」

這時，Dr. Emma拿起《Noonday Demon》一書。

「你們每個人都應該看看這本書！」Dr. Emma說。

「Andrew Solomon的著作《正午魔鬼》中提出了一個非常深刻的觀點。他認為退縮和抑鬱可能在進化上有其合理性。當個體在社會群體中受到來自更強

大成員的攻擊時，失敗者往往會選擇退縮。這樣他們能避免進一步的對抗，避免更嚴重的後果——死亡。

「這樣的行為不僅限於我們的祖先，在現代家庭中，一個常常受到貶低或批評的孩子，可能會選擇接受自己較低的地位以保全自己。我們當今的心理沖突或許更為複雜，但這些防御性策略的本質並沒有改變。

「當一個人感到失去了對生活中事件的控制時，特別是在無法預測的情況下，壓力激素皮質醇的水平會急劇上升。這種無力感會引發一種習得的無助感。相反，如果我們能提前做好心理準備，即便面對不愉快的經歷，也能在某種程度上減少壓力對我們的影響，降低皮質醇的分泌。」

她轉向白板，寫下「控制感與壓力反應」，繼續解釋：「Brier的研究發現，當抑鬱症患者面對可控的壓力源時，他們的皮質醇反應是正常的。但當他們遇到無法控制的壓力時，皮質醇水平會急劇上升。

學生 問道：「這是不是解釋了為什麼有些抑鬱症患者會選擇低風險的環境？」

Dr. Emma：「是的，正是這樣。對這些患者來說，選擇熟悉、可預測的工作環境或人際關係，是為了減少不確定性帶來的壓力。這些可控的情境能給他們提供一定的安全感，相比之下，冒險參與可能帶來社會提升但存在羞辱風險的場合，對他們來說顯得不那麼可取。

「對抑鬱症患者來說，接受自己較低的自我評價可能比面對挑戰和風險要容易得多。畢竟，當他們尋求肯定和接納而未能如願時，這種情感上的痛苦尤其沉重。」

Dr. Emma最後總結道：「這種退縮行為與抑鬱的進化根源息息相關，它不僅是一種心理反應，也影響到生理層面。皮質醇的升高強化了這種無助感，讓他們陷入抑鬱的循環。因此，我們在治療時，不僅要幫助患者降低皮質醇水平，還要幫助他們重拾對生活的控制感，這樣他們才能更好地面對壓力，減少退縮的傾向。」

左右腦半球活動與情緒調節

又來到下一個星期的課，這次也是 Dr. Emma任教。

Dr. Emma正在帶領一場關於「左右腦半球活動與情緒調節」的課題討論：

Dr. Emma：「我們提及，抑鬱症患者通常表現出高水平的皮質醇，這與右腦過度活躍、左腦活動不足密切相關。這種現象並不是正常的大腦模式。」

她指向白板上的大腦圖解，繼續道：「根據 Tomarken和 Davidson的研究，大多數人的左腦半球比右腦半球更活躍，這種左腦優勢是一個穩定的特徵，與積極情緒、愉快心情以及外向的社交行為有關。這樣的人在觀看有趣的電影片段時，往往覺得他們表現得更為投入、更興緻勃勃。」

學生問道：「那麼，為什麼有些人右腦會更活躍呢？」

Dr. Emma回答：「並不是每個人的大腦都是相同的。有些人右前額葉半球的活動更強，這讓他們對笑話或輕鬆的情境難以產生積極反應，反而對負面或災難性的情境反應更加強烈。這類人群，特別是抑鬱症患者，即使在非抑鬱發作期間，左腦活動也常常較低。

「抑鬱症患者的左額葉活動較為遲鈍，特別是在抑鬱發作期間，他們的左側背外側前額葉和左側角回的血流量減少，這與冷漠和『言語貧乏』有關。此外，這些患者還會出現認知障礙，這與左側內側前額葉皮層血流減少有關。

學生問道：「這與壓力有關嗎？」

Dr. Emma點頭：「是的。壓力的初期會激活左側前額葉皮層，幫助我們應對挑戰。但當壓力持續或失控時，右側前額葉皮層開始接管，這會加劇負面情緒反應。左前額葉像一個緩沖器，能防止小壓力演變為大壓力，但抑鬱症患者缺乏這種緩沖能力，導致右腦過度活躍，負面情緒難以控制。

「有些嬰兒天生右額葉活動過於活躍，而左額葉相對較弱。但我們尚不確定這種大腦不平衡是是天生的，還是經驗影響的結果。大腦左右半球的平衡是一個穩定狀態，這表明大腦結構已經發生了某種永久性變化，這很可能在嬰兒期，即大腦快速發育的時期發生。」

左腦和右腦

學生問道：「這會與母親的行為有關嗎？」

Dr. Emma回答：「是的，研究發現，抑鬱母親與她們的寶寶之間的互動方式可能會影響嬰兒的大腦發展。我們發現，抑鬱母親的嬰兒表現出這種左腦活動不足的模式。他們沒有其他嬰兒那種正常的左腦優勢，即使看起來在玩耍時很開心，前額皮層的活動依然偏低。

「這些嬰兒通常表現得不太親熱，也不太會主動接近母親，這可能是因為母親本身的前額葉大腦無法有效調節情緒，導致她們無法教會孩子如何調節大腦中的情感反應。」

小休後，Dr. Emma繼續引導學生思考大腦發育和抑鬱症的關聯。

Dr. Emma：「為什麼有些人的大腦會朝一個方向發展，而另一些人則朝另一個方向？目前，我們還不確定是否有些嬰兒天生就具有這種傾向。例如，有些嬰兒的右額葉活動過於活躍，而左額葉相對較低。但我們尚無法確定這是從出生開始，還是後天經驗的結果。

「大腦左右半球的平衡通常是一個穩定且持久的狀態，這表明在嬰兒早期，可能發生了某種結構性的變化。我們的研究發現，大腦的這些變化通常在嬰兒期發生，當時大腦的發展速度最快。尤其是在抑鬱母親與她們寶寶之間的互動中，這一點尤為明顯。」

學生舉手發問：「抑鬱母親的嬰兒有什麼不同嗎？」

Dr. Emma點頭回答：「我們發現抑鬱母親的嬰兒表現出這種所謂的『左傾』現象。他們沒有其他嬰兒所具有的正常左半球優勢，即使這些嬰兒表現得很開心，但他們的前額葉皮層活動依然不足。

「這些嬰兒在玩耍時不太可能主動接近母親，也不如其他嬰兒那麼親熱。我們推測，這可能是因為母親自己無法有效調節情緒，從而也無法教會孩子如何調節他們的大腦反應。」

一個學生問：「這種早期的影響會持續到孩子長大嗎？」

Dr. Emma回答：「會的，這些孩子長大後患抑鬱症的風險大約是其他孩子的 6倍。而且，即使在嬰兒時期，我們也能看到他們表現出沮喪的跡象。這些孩子往往內向，避免與人進行眼神交流。

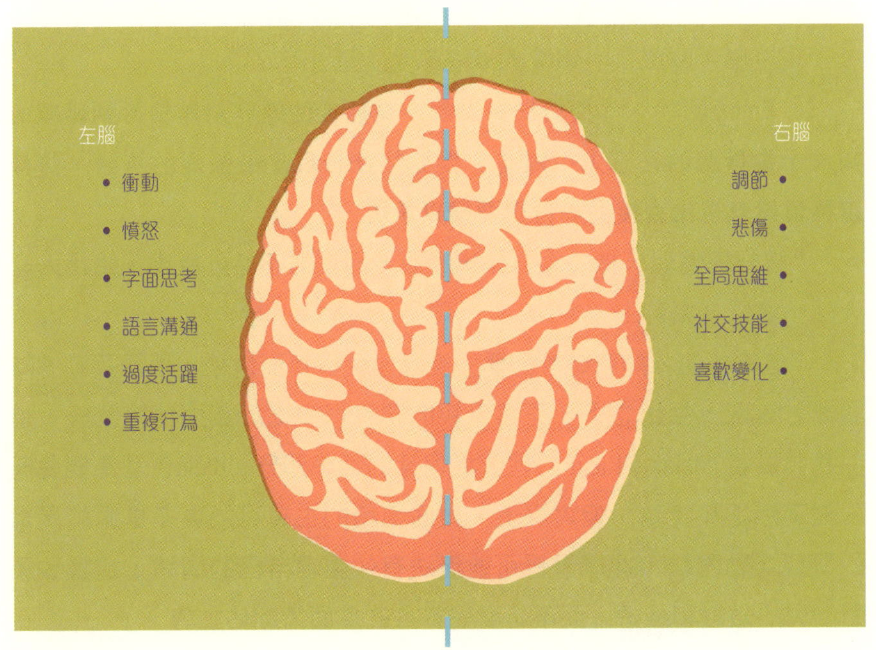

哪一邊更強大

「這可能是因為他們不期望從抑鬱的母親那裡得到積極的回應和支持。例如，有一項研究發現，當母親在填寫問卷時，有些幼兒會搶走她手中的夾板，這是一種帶有絕望色彩的尋求關注的行為。這些研究表明，早期的母嬰互動對孩子的大腦發展有深遠的影響，有抑鬱症的媽媽要及早治療。

「因為抑鬱的母親對她們寶寶的大腦發展會產生深刻的負面影響。正常的母嬰互動模式通常是在積極和中性情感之間波動，大致是平衡的。

然而，抑鬱母親的情況截然不同。

抑鬱母親提供的積極互動非常少。大約 40%的時間，她們表現得無反應或不參與，而剩下的大部分時間，她們對嬰兒表現出憤怒、干擾或粗暴的行為。當母親流露出明顯或隱蔽的憤怒時，這些嬰兒通常會轉移視線，儘管他們無法離開房間，但這是他們表達想要逃避的方式。」

學生 舉手問道：「嬰兒最無法忍受的是什麼？」

Dr. Emma回答：**「對於嬰兒來說，最痛苦的經歷是無法得到母親的關注。當母親的注意力中斷時，嬰兒往往表現出最強烈的抗議，彷彿這種情感忽視比直接的虐待還要難以承受。**

「這好像情侶一樣，女方作出投訴，而對方不給她反應，這比大家大吵一場更為傷害！

「無論如何，抑鬱母親的嬰兒經歷了更多負面情緒，積極互動的時間非常有限。相比之下，正常母親的嬰兒很少處於負面情緒狀態，這使我們質疑 Melaine Klein 心理分析理論的某些部分。Klein曾認為嬰兒天生充滿嫉妒和貪婪，但實際上，負面情緒的主導可能更多是源於異常的母嬰互動體驗。抑鬱母親可能無法有效處理自己的情緒，這導致了對嬰兒的敵意和嫉妒，而不是嬰兒本身的負面情感佔主導。」

貧困與抑郁的關聯

下一節課，Dr. Emma跟學生討論社會議題與孩子的腦袋發育和精神健康之間的關係。

Dr. Emma繼續她的課題講解，今天的重點是「貧困與抑鬱的關聯」。

Dr. Emma：「研究顯示，抑鬱與貧困以及社會排斥有著密切的聯繫。缺乏經濟資源的人，更容易經歷抑鬱的觸發因素，這些觸發點常常以羞辱和挫折的形式出現。

「Lyons-Ruth的研究發現，導致抑鬱的並不是貧困本身或生活中的多重問題。她分析了一群生活在貧困中的女性，這些女性在照顧嬰兒時遇到很大困難。專業人士通常形容這些母親為冷漠、忽視或憤怒，但並未將她們視為抑鬱患者。然而，事實上她們的抑鬱症狀非常明顯，通常呈現出低度、慢性狀態。」

學生舉手發問：「這些抑鬱症狀是否與貧困直接相關？」

Dr. Emma：「並不是直接相關，來自同樣貧困背景的其他女性，若能夠與孩子相處良好，抑鬱症狀明顯較少。這些母親在養育孩子時遇到的困難，不僅僅是由於她們當前的貧困情況，而是與她們自身的童年經歷有著密切聯繫。

「最重要的預測因素是她們與自己母親的關係。童年時期缺乏良好母親關係的女性，成年後不僅更容易患上抑鬱症，還會在養育孩子時遇到更大的困難。」

學生問道：「在老師的臨床經驗中，是否也看到了類似的情況？」

「有位抑鬱的媽媽，童年時一直被忽視，缺乏關愛和陪伴，這種情感的缺失讓她在成為母親後也變得冷漠。她無法給予自己從未得到過的溫暖，與孩子之間的距離愈加遙遠。

「邊緣人格的媽媽，她在成長過程中總是感受不到認同，父母的否定讓她覺得自己是無關緊要的存在。這樣的傷害在她做母親時不斷重

現。她時而緊緊摟住孩子，給予短暫的親近與依賴，時而又突然將孩子獨自丟下，甚至在某些時刻，失控地打在孩子的臉上。她的愛與痛苦交織，無法自控地在孩子面前展現出她內心深處的傷痕與混亂。

「這些母親在嬰幼兒時期沒有得到她們所需的關注，她們發現自己很難為寶寶提供這種情感支持。她們感到無助。」Dr. Emma說。

「與情感有困擾的母親生活，無論原因是什麼，對嬰兒大腦的影響幾乎與更極端的剝奪情況相似。嬰兒從出生起就需要社會互動來幫助他們的大腦發展和組織。如果他們無法獲得足夠的關注、同情和回應，換句話説，沒有一個積極回應他們需求的父母，那麼他們的大腦某些重要部分就無法良好發育。」

Dr. Emma指向白板上的大腦圖解，繼續説道：「這種情況特別影響的是前額葉皮層，也就是我們所説的『社交大腦』。這部分大腦與抑鬱症密切相關。在抑鬱症患者中，尤其是左側的前額葉皮層較小，這一現象在多項研究中得到了證實，甚至在抑鬱的青少年中也被確認。」

學生舉手問道：「這是否意味著抑鬱症與大腦發育不良有直接聯繫？」

Dr. Emma點頭回答：「是的，除非後續研究證明小前額葉皮層的形成是基因決定的，否則這是一個有力的證據，證明抑鬱症與嬰兒和幼兒最關鍵的發展階段中的社交大腦發育不良有關。特別是前額葉皮層的背外側部分神經元密度

降低，而這個區域在幼兒期發育，負責情感表達和管理情緒。」

「研究表明，那些在嬰兒期經常哭泣但未得到有效安撫的孩子，到了一歲時通常表現出退縮和抑制行為。而到了四歲，這些孩子通常會變得害羞。最極端的例子是那些幾乎沒有母愛照顧的羅馬尼亞孤兒，他們的大腦額葉、邊緣系統、杏仁核、海馬體和顳葉的活躍度都遠低於同齡正常照顧的孩子，這些正是與壓力管理相關的重要區域。」

環境可以把基因關閉開關

又到下一節課了。

Dr. Emma：「今天的主題是『關閉開關』。研究表明，大多數嚴重抑鬱症患者的皮質醇水平顯著偏高，而如果我們能夠將皮質醇水平恢復到正常，抑鬱症狀通常會有所緩解。正如Andrew Solomon描述的那樣，高溫狀態下的空調可能整天運作，但房間裡仍然熱得像蒸籠。即使周圍的壓力消失了，壓力反應卻依然持續不斷，問題就在於『關閉』壓力反應的機制失靈了。」

學生舉手問道：「這是指抑鬱症患者的壓力反應無法正常關閉？」

Dr. Emma點頭解釋：「是的。對於容易受到這種生化失衡影響的人來說，當不愉快的事情發生時，他們無法像其他人一樣快速恢復到平衡狀態。他們的恢復機制出現了問題，這是一個同時涉及生物和心理層面的問題。

「在生物層面上，腦內負反饋循環的故障導致壓力反應無法關閉。皮質醇水平持續過高，這對大腦的海馬體產生了負面影響。尤其是發育中的大腦，海馬體對高皮質醇的影響更為敏感。研究表明，對發育中的靈長類動物施加過多皮質醇，會對海馬體造成長期損害，而成年動物則不太會受到這樣的影響。」

學生追問：「海馬體的功能失調如何影響壓力反應的關閉？」

Dr. Emma：**「當海馬體功能受損時，它無法通知下丘腦停止產生CRF（促腎上腺皮質激素釋放因子）。下丘腦是控制壓力反應的關鍵部分，它與大腦的許多區域相連，包括產生恐懼的杏仁核。如果下丘腦無法有效關閉這個反應，壓力水平就會持續上升。**

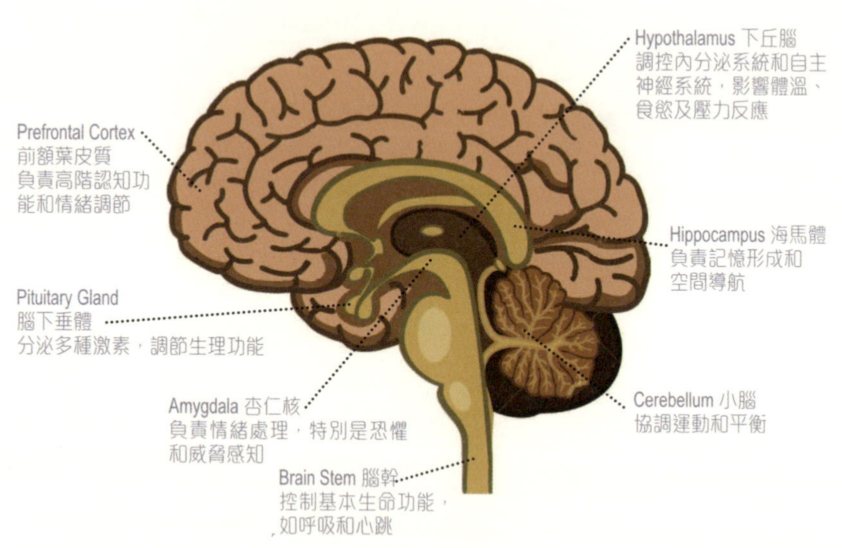

「這種壓力反應的持續會影響患者的情緒和思維方式。從心理層面來看，抑鬱症患者無法擺脫消極的思想和情感。這時，他們的內在負面工作模型被激活，使得他們難以逃脫抑鬱的思維模式。」

學生問道：「這樣的思維模式是否與他們的過去經歷有關？」

Dr. Emma回答：「沒錯，研究表明，成年期的抑鬱發作往往是由未能獲得情感支持或遭遇拒絕、自尊受損等情境引發的。抑鬱症患者常常感到自己無能為力，或者覺得自己沒有價值。這導致了對自我的消極看法，比如『我不行，我不配』，或者『我不值得被愛』。」

抑鬱症：情感調節方面的脆弱性

小休過後，Dr. Emma繼續與學生探討抑鬱症患者在情感調節方面的脆弱性，特別是如何處理羞辱和依附關係中的困難。

Dr. Emma：「在 1970年代，Geoge Brown和 Harris進行了一項開創性研究，指出有些人對當前的羞辱特別脆弱。他們試圖追蹤這些脆弱類型，發現那些在 11歲之前失去母親的人，或者那些在依附關係中感到普遍不安全的人，更容易受抑鬱影響。

「這些研究表明，這些人缺少某種自尊的元素，這使得他們難以相信最終會有其他價值來源出現。換句話説，易受抑鬱影響的人在修復因心理創傷造成的自尊裂痕方面的能力較弱。」

「我們現在將這種難以從心理打擊中恢復的現象，描述為自我調節的問題。抑鬱症患者常常陷入『反芻』狀態。他們無法停止痛苦地重複思考那些未被滿足的情感需求，卻又無法採取實際的步驟去改善自己的處境。」

學生追問：「這會使他們在人際關係中產生什麼問題？」

Dr. Emma回答道：「這些患者通常非常害怕他人的不贊同和拒絕，因此他們努力避免與人發生衝突，卻往往感到無助和無能，無法獲得自己渴望的情感支持。他們陷入了一個自我調節的困境：一方面，他們無法放棄自己的情感需求，另一方面，他們又缺乏實現這些需求的信心。」

破裂與修復

又來到了下星期的課，這次是 Dr. Mary給學生授課。

「人與人之間，關係難免有破裂，不過最重要的是有沒有修補的機會。」Dr. Mary説：「母子互動也是一樣。」

今天的題目是「破裂與修復」：討論抑鬱症的情感核心和依戀理論的關聯。

Dr. Mary：「Schore 深入探討了抑鬱的核心維度之一，無望感。抑鬱不僅僅是對自己產生消極的想法，更關鍵的是，患者會感到自己無法挽回，無法修復他人在自己心中的形象或愛。這是一種深層次的無力感，無法恢復他人的信任與尊重。」

她接著舉例：「像 Ida ，她開始對周圍的人失去信心，並相信自己無法改變現狀。有一次，她忘記了帶一組重要的密碼上班，這是一個嚴重的疏忽，Ida 心裡認定自己即將失去工作，她覺得這是無可避免的，而且她再也不會找到這樣好的公司。」

學生舉手問道：「這種無法修復關係的想法是如何加劇抑鬱的呢？」

Dr. Mary回答：「這就是問題所在，Ida被內疚感折磨，結果她無法去上班，也無法面對自己的錯誤，更沒有嘗試解釋或道歉。她的上司的太太也患有抑鬱症，所以他很體諒 Ida，不過 Ida這種自我否定，讓她放棄了修復與同事的工作關係，最終迫使公司解僱她。」

一位學生問：「這豈不是 Ida 在自我實踐？」

她停頓片刻，讓學生消化這些信息，接著繼續：「這正是 Schore所稱的『干擾與修復』循環。在人際關係中，衝突是不可避免的，但學會如何恢復積極關係是情感安全感和自信心的基礎。這一修復系統從早期依戀關係中開始建立，並在孩子一歲時基本確立。」

學生追問：「這和早期依戀有什麼關係？」

Dr. Mary解釋：「安全依附的孩子知道，當他感到痛苦時，父母會安慰和保護他，不會讓他長時間處於痛苦中。如果孩子在困境中無法獲得父母的安慰，甚至遭到忽視或懲罰，他就會陷入無法調節的壓力感中，焦慮會不斷升級。這種依戀關係中的修復能力，正是孩子早期依靠父母學到的，因為在那個階段，他們還沒有能力自我調節情緒。」

Dr. Mary：「經歷父母無法緩解的壓力的孩子，長大後往往會像 Ida 那樣。他們不期望能夠有效處理與他人之間的情感衝突，這並不是他們天生的性格特徵，而是一種從小未學會的應對方式。

「最近，研究者開始關注抑鬱症患者如何調節情感。Garber進行了一系列研究，發現抑鬱症患者的情感調節策略存在明顯的功能障礙。他們更多依賴原始的『戰鬥或逃跑』機制，而不是通過前額葉皮層發展出的更複雜的調節策略。」

學生問道：「這是否意味著他們難以通過溝通來解決問題？」

Dr. Mary回答：「是的。這些患者往往不會積極地與他人溝通解決問題。他們缺乏與他人討論並尋求解決方案的信心，更多的是選擇退縮或以攻擊性來回應困境。這種情感調節缺陷使得他們在面對負面情緒時，常常難以找到適當的應對方式。」

學生追問：「這些抑鬱兒童對母親的期望有什麼不同呢？」

Dr. Mary解釋：「Garber和 Dodge的研究發現，抑鬱兒童對母親的期望與非抑鬱兒童不同。抑鬱兒童不指望母親能比他們自己更好地調節情緒。他們也不期待自己的消極情緒能夠得到改善，這使得他們更容易陷入『我很愚蠢』或『我很糟糕』這種全體性、持久的消極情緒。

「這種自我否定的思維模式可能源自他們在兒時試圖理解自己所經歷的負面事件。從孩子的角度來看，他們無法理解父母可能有調節情感的困難，因此，他們往往將自己的痛苦歸咎於自己，認為是自己有問題。」

學生問道：「這種現象有心理學上的解釋嗎？」

Dr. Mary：「有的，這被稱為『道德防禦』，由蘇格蘭精神分析學家 William Ronald Dodds Fairbrain在 1940年代提出。他認為，孩子們寧願認為自己是壞的，也不願承認父母有問題。因為對孩子來說，承認自己依賴於一個『壞』的父母，會讓他們感到更不安全，這是他們的一種自我保護機制。

「這些研究和理論幫助我們理解抑鬱症患者的情感調節困境，以及他們如何陷入自我否定的陷阱。

「此外，有研究證據顯示，抑鬱的父母，尤其是母親，通常在管教孩子方面存在問題。他們對孩子的情感狀態關注不足，這可能導致孩子無法學習如何有效地調節情緒。這些孩子往往缺乏自信，覺得情感無法通過與他人共同管理，而是他們自己必須承受。

「相反，那些沒有抑鬱症的孩子，或者有著情感健康父母的孩子，更能積極應對負面事件。他們會採取行動，比如解決問題或有意轉移注意力。當遇到困難時，他們認為需要更加努力，或者嘗試其他事情，而不是陷入自我否定。」Dr. Mary説。

學生追問：「這種情況是否會隨著時間變得更嚴重？」

Dr. Mary點頭回答：「不幸的是，抑鬱症是一種累積性的疾病。隨著一個人感到絕望的次數越多，這種思維模式會更加根深蒂固。研究顯示，經歷過多次抑鬱發作的人，恢復的難度會越大。早期沒有建立良好的自信，在多次無法應對的情境中會被逐步侵蝕。再加上前額葉皮層發育不良，這樣的個體難以產生新的解決方案，難以找到緩解過度壓力反應的新方法。」

學生 問道：「在嬰兒期介入是否能夠打破這個惡性循環？」

Dr. Mary微笑道：「確實如此。如果我們能夠認識到嬰兒期可能蘊含著抑鬱症的關鍵風險因素，及早進行干預將會非常有效。這包括提供更支持的早期育兒環境，或者幫助幼兒建立他們所缺乏的情感調節技能和自信，這樣可以阻止這個惡性循環的加速發展。」

第六章

暴力虐待—— 對孩子終身的傷害

「今天我要講的題目：嬰兒期創傷與成年創傷的連結。」Dr. Emma在一個學術會議中演講。

Dr. Emma先分享一些個案：

在一個晴朗的秋日下午，Jane的生活發生了劇變。她和年幼的兒子乘坐在的士上，卻被一輛私家車搶道撞上。在那一刻，她緊緊抱著兒子，自己的腦袋重重地撞上了前座。『我完全沒有感到疼痛，只是本能地想保護他。』Jane回憶道。雖然經過檢查她的身體並無大礙，但她的頸部卻留下了傷痛，經常讓她感到頭暈和頭痛。

漸漸地，Jane開始感受到一種難以言喻的疏離感，跟丈夫和同事的交流也變得困難重重。她甚至不敢自己開車，更不想讓兒子獨自過馬路。『我工作時感到心有餘而力不足，精神無法集中。晚上總是被噩夢驚醒。』她無奈地說。

這一切都顯示了極端創傷（如車禍、搶劫、甚至戰爭）後會出現的典型症狀。創傷不僅考驗了個人的應對能力，還常常讓人感到孤立無援。根據精神病學的定義，任何威脅到生命或身體的經歷，或故意對個體施加傷害的事件，都可被視為創傷。

更令人驚訝的是，目睹他人受傷，或自己作為施暴者的經歷，同樣會帶來創傷。這表明，我們與他人之間的聯繫是無法逃避的，尤其是當我們與某人情感深厚時，創傷的感受更為強烈。失去孩子的痛苦，或許是世上最難以承受的悲傷。

・・・

2002年，一起突如其來的事故，讓小花的媽媽永遠無法忘記。那天下午，她和 10歲的小花一起過馬路，不幸被一輛貨車撞倒。「那輛小貨車瞬間就把小花輾過！」媽媽的聲音中充滿無奈與絕望。「當地政府根本不把這起事故當成一回事！」她的眼淚止不住地流下。

「小花是如此出色，不僅長得漂亮，性格也善良。」媽媽心中不禁想：「我真希望死去的是弟弟，而不是小花。」她無法抑制內心的悲痛，因為弟弟的反應總是遲緩，與小花相比，顯得遜色。

「我整天無精打采地抱著弟弟，看著電視，現在弟弟被醫生評估為發展遲緩，也許是我的錯。」媽媽自責地說。

這場悲劇對她的婚姻造成了巨大的衝擊。媽媽訴說著他們如何面對這份失落：「我們處理悲傷的方式截然不同，因而互相指責對方沒有好好照顧小花。」她無法忍受丈夫對她的親密接觸：「我長時間無法讓他碰我。」

創傷本質上是與身心傷害的抗爭——無論是身體上的創傷還是心理

上的打擊。當一個人的主觀感受被外界否定時，創傷便悄然降臨。它是對無助的恐懼，是深知沒有人能拯救自己或所愛之人時的絕望。你的身心完整性遭到侵犯，曾經理所當然的安全感瞬間破碎，世界變得不再安全。一切似乎都變得不一樣了。

「讓我進一步解釋什麼是創傷壓力症候群。」Dr. Emma說。

「當我們經歷創傷時，大腦的杏仁核會啟動『戰鬥或逃跑』反應，讓身體進入高度戒備狀態：心跳加速、血壓上升、腎上腺素飆升，並且釋放皮質醇來應對壓力。這一系列反應通常會隨著時間逐漸平息，但如果創傷太過強烈或持續過久，大腦和身體就可能無法恢復到正常狀態。

這時，可能就會發展成為創傷後壓力症候群（PTSD）。它的標誌在於，創傷經歷在大腦中『卡住了』，持續干擾個人的日常生活。 PTSD 的典型症狀包括反覆的侵入性回憶、噩夢、失眠、極度易怒和焦慮，甚至試圖避開一切與創傷相關的話題。簡單來說，他們會不自覺地重回創傷現場，情感被困在過去。

對大多數人來說，隨著時間的過去，創傷的影響會逐漸減弱，心理和生理狀態逐漸回到平衡。但對於患上 PTSD 的人而言，這種恢復卻非常困難。他們可能出現『閃回』現象，彷彿親歷創傷的畫面一再重演。即使日常生活看似平靜，內心卻時刻警覺，總擔心壞事再次發生。

正常情況下，人們會試著從親友身上尋求安慰，慢慢將這段經歷納入自己的生命故事，重新找回生活的秩序感。對於創傷的康復來說，時間是最佳的療癒劑。

然而，PTSD 是那些即便時間流逝，依然無法擺脫創傷陰影的人所面對的困境。它像是卡在大腦裡的一段影片，不斷重播，無法按下『結束』鍵。」

PTSD 可以追溯到嬰兒期

「原來 PTSD 可以追溯至嬰兒期！」Dr. Emma說。

「約 20% 的人在成年後遭遇創傷時會出現嚴重的病理反應，而這種反應往往可以追溯到嬰兒期的情感發展歷程。那些在創傷中難以恢復的人，可能正是情感系統從小就不夠穩固的人。根據《精神障礙診斷與統計手冊》（DSM-V），創傷後壓力症候群（PTSD）的風險因素包括：家族有精神疾病史、童年時期經歷過分離或虐待、情感依附不安全，甚至只是『天生神經質』。這些條件暗示了他們在調節情感和應對壓力時的脆弱性。

「情感經歷不穩定的人，面對壓力源時更可能做出過度反應。他們往往不自覺地將當下情境誤判為無法掌控的威脅，觸發過度的壓力反應。當我們將某個情況解讀為不太危險時，壓力反應會被自然抑制；但若我們認定自己無法應對，壓力就會被放大至極端。

「這一點在 Van der Kolk 的案例中清楚展現：一位女性在被強暴後，一直努力保持心理穩定，似乎應付得相當不錯。然而，幾個月後，她得知同一名施暴者殺死了另一個受害者，她瞬間徹底崩潰，出現了全面的 PTSD 症狀。因為她對危險的理解突然轉變，她再也無法自我安撫，所有情緒防線瞬間瓦解。這證明了，當人們對事件的認知和解讀改變時，壓力反應也會隨之升級到無法控制的狀態。

「其實創傷恢復力的根源，不只是創傷的客觀事實那樣簡單！」Dr. Emma補充說。

「倖存者能否從創傷中恢復，往往取決於他們尋求支持的能力。而這種能力深受早年生活經驗的影響。經歷過不安全依附或早期創傷的人，通常對他人的支持缺乏信任，因而更不願尋求幫助。但事實上，社會支持對康復至關重要。換句話說，早期建立的情感系統，從壓力反應的靈敏度、情緒管理能力，到面對逆境的恢復力，都深刻影響著一個人應對創傷的能力。

「儘管如此，有些創傷過於極端，即便是最健全的情感系統也會崩潰。納粹集中營的倖存者就是例證。他們中不少人在被囚禁之前擁有幸福溫馨的家庭，但仍無法完全避免被創傷摧毀。

「對於 1940年代大屠殺的反應，幸存者和學者做過大量記錄。心理學家 Victor Frankl是其中之一。他認為，即便在極端逆境中，人們仍可以選擇自己的反應。他曾在集中營目睹一些人，儘管身陷絕境，仍然以令人驚訝的平靜和堅韌面對現實。他們克服冷漠，甚至在監禁中無私地幫助他人。Frankl認為這種精神態度讓人們能堅持下去，即使在意義和自主感都被剝奪的情況下，他們仍能找到堅守的價值。

「另一位大屠殺倖存者 Roma Ligocka，被描繪為電影《辛德勒的名單》中穿紅色外套的小女孩，她後來成為了成功的舞台設計師。在接受採訪時，她坦言那段恐怖經歷依然伴隨著她。儘管生活已經變得豐富多彩，但她仍然是深受恐懼、抑鬱和失眠的折磨。她說，時間無法治癒創傷。

「由此可見，人們對創傷的反應很大程度上源於早期的生活經歷，而非單純是後天選擇。內心系統脆弱的人更容易在逆境中崩潰，也更難以調動大腦前額葉皮質來管理情緒，從而更難恢復。而這正是創傷研究中，早期依附經驗被認為至關重要的原因。」

「醫生，你可以分享一下一些印象深刻的個案嗎？」台下觀眾問。

被強暴的創傷

「 一位 20歲的藝術系學生 Maria被強暴，家人一直矇然不知！」Dr. Emma黯然地說。

「去年，Maria緊張地走進了診所。她與母親同住，但內心的陰影卻不敢說給她母親知道，她自己一個人默默承受，感到感到無法逃脫。

「Maria，你有什麼要跟我說嗎？」Dr. Emma輕聲問道。

「我……不太好。」，她低下頭，聲音如同蚊子般微弱。

去年，她在英國經歷了一場可怕的事件，一個粗壯的醉漢對她性侵犯。這一切讓她的生活完全改變，失眠成了她的常態，夢中充斥著生動的景象和可怕的噩夢，現實與幻想之間的界限漸漸模糊。

「有時候，我會聽到聲音，像是在說話，但卻看不到人。」她的眼神閃爍不定，似乎在掙扎。

「這樣的感覺讓你害怕嗎？」Dr. Emma試著引導。

「是啊，特別是在夜裡。」她嘆了口氣，情緒如潮水般湧上心頭。

她的焦慮伴隨著頻繁的恐慌發作，日常生活變得困難，注意力經常無法集中。她開始自殘，為了要自己不再解離，也為了令自己的身體的痛楚掩蓋了心中的焦慮和不安。Maria時常感到眩暈，甚至對人感到恐懼，就像被困在無形的牢籠裡。

在進行精神狀態檢查時，我注意到她困惑的神情和沉默的態度，表達的話語也只是簡短的片段。

「有時我感覺自己像被控制。」她的聲音微弱，流露出深深的不安。

在治療中，我們討論了心理教育和藥物治療。雖然 Maria偶爾感到有所進步， 可以繼續上課，但她依然隨身攜帶著一把刀，以應對突如其來的焦慮。

「我害怕深度睡眠，怕自己失去意識時，會遇到什麼不測，所以一直設定鬧鐘。」她低頭苦笑著，眼中閃過一絲無奈。

過了兩個月，Maria計劃前往意大利學習雕塑。在一次 Zoom會議中，她突然透露自己擁有四個不同的人格：脾氣暴躁的 Margaret 、天真的阿達、成熟的 Megan 和普通人的 Maria。

「他們有時候讓我感到混亂。」她搖了搖頭，眼神又空洞又無助。

我感受到她心中在掙扎。

Maria對 Dr. Emma說出她的童年經歷：

十歲時，Maria獨自坐在公園的長椅上，身旁的樹影搖曳，周圍的小朋友歡笑的聲音，令她更加感到心中的孤獨。她的童年並不快樂，父母忙於工作，只會在物質上滿足她，卻沒有時間陪伴她。

「媽，你今天能早一點回來嗎？」小小的 Maria抬頭問。

「有很多工作要做。今天要晚一點回來，」母親的聲音從電話那頭傳來。

「好吧……」Maria咬著下唇，眼中閃過一絲失落。Maria原來想跟父母分享她的喜悅，她在英文測驗中，拿到全班最高分。

Maria是獨生女，常常跟嫲嫲一個人在家，做完功課後就自己玩耍。

她在英國留學時遭遇了可怕的侵犯，她被打斷肋骨，這一切如同一場噩夢，讓她的世界瞬間崩塌。

「你為怎麼這樣對我？」她驚恐地問，手足無措。

「滾回去，你不應該在這裡。」對方冷冷地回答，隨後一切都變得模糊。

從那以後，Maria獨自承受著創傷後壓力症候群的折磨，失眠、噩夢，甚至聽到耳邊傳來的男人的粗暴罵聲，她無法分辨現實和幻想。

「我……我聽到聲音。」在一次見面中她緊張地告訴我。「我是不是患上了思覺失調？」

「那些聲音告訴你什麼？」Dr. Emma問。

「男人的叱罵聲！」Maria的聲音顫抖，眼中閃爍著淚光。

就算時間流逝，Maria情況也沒有好轉。她的焦慮越來越嚴重，甚至開始自殘，據她説：「我試圖用疼痛來麻痺心中的恐懼。」

「為什麼我總是這樣？我現在正在幹什麼？」她在鏡子前自言自

語，手中握著一把小刀。

「你要好好照顧自己。」她的另一個人格，成熟的 Megan ，溫柔地對她說。

「我不知道該怎麼做。」Maria哭泣著。

「我們可以一起面對。」Megan 的話語如同一束光，讓她感受到一絲希望。

這個過程雖然艱難，但 Maria漸漸學會了尋求幫助。

「你願意告訴我更多嗎？」醫生鼓勵道。

「我不知道從哪裏説起？」Maria低着頭説。

「嘗試把心中的想法寫下來。」醫生建議。

Maria開始寫日記，將心中的恐懼與孤獨化為文字，慢慢釋放內心的重擔。醫生鼓勵 Maria把這件事跟家人説清楚，Maria選擇了跟媽媽説。媽媽不是完全明白她，但她已經覺得沒有那麼孤單，雖然過去的陰影依舊存在，還不時反反覆覆。

「創傷後遺症，可以發展為解離身份障礙。」Dr. Emma説：「這是一個很嚴重的心理障礙。我再以 Felix的個案講解。」

複雜性創傷壓力後遺症和解離身份障礙

「有一位年輕人 Felix，今年 23歲，自己一個人住。白天，他兼職工作，夜晚則是孜孜不倦的學生。然而，在他看似平靜的外表下，卻隱藏著一個充滿創傷的內心世界，像是一場無法平息的風暴。

Felix的童年如同陰影般　繞在他的心頭。他的父親對他漠不關心，甚至在他情緒低落時，會用暴力來發洩自己的不滿。「別再鬧事了！」父親的怒吼聲在他的腦海中迴響。每一次的斥責和毆打，都讓他感到無法言喻的羞恥與無助。這樣的環境迫使他逃避現實，Felix的腦海中經常出現了不同的聲音，宛如在彼此爭論，為他創造了一個虛構的避風港。

「你看到了嗎？ Felix又在自言自語了！」別人說。他們看到 Felix眼神中閃爍著一種迷惘的光芒。周圍的人常常以為他擁有「陰陽眼」，能夠與鬼魂交流，卻不知那些聲音其實是他潛意識腦袋裏分裂出不同身分的聲音，大家彼此傾談，商量一些決定，它們的出現，也是填補他內心的無助與孤獨。

他的心中仍然揮之不去的，是一段可怕的回憶。那一年他只有八歲。

那是一個黑暗的夜晚，父親把他翻轉過來，用鐵管痛打他。那一刻，爸爸揮打到他身體的每一下，他都感覺麻木，痛苦彷彿被隔絕在了意識之外，唯有羞恥感和無助感如潮水般湧來。

最後他被丟棄在公共垃圾桶中，哭聲引來鄰居的幫助。但即使如此，因為父親是黑社會成員，街坊卻不敢報警。

「我怎麼會這樣？」Felix在心中不斷自問。他的父親總是用暴力來解決問題，這種環境讓他學會了用暴力來處理事情，解決問題。

Felix對女性的吸引力令人驚訝，能在不同的角色中讓她們印象深刻：「我身邊總可以找到一個『女貴人』，他們都好樂意幫助。不過這些都不能讓他真正與人建立起親密的關係。

「每一段親密關係，都因為控制不了的情緒爆發而結束！」Felix說。

他漸漸發現，自己似乎有七個不同的角色，每個角色都有著獨特的特點和需求，是他無法統一的多重身份：

1. Felix

主要負責控制其他人格的出現。他是一位三十歲的男性，不喜歡爭執，反而常常擔任調停者，致力於解決爭端。Felix有著很強的控制慾，認為自己做什麼，其他人就應該也這樣做。他對於某些人格可能會因為其他人格的行為而受傷感到擔憂。

Felix能夠接觸到 Michael、BB，以及其他人格的部分記憶片段，但卻無法區分具體是哪個人格做了哪些行為。

Felix的心靈房間中有一張桌子、一把椅子、一台電腦。當其他人格佔據主導時，Felix會選擇觀看 YouTube、閱讀或冥想。他最近正在閱讀《心靈雞湯》和尼采的著作，另有一些書籍探討人性的光明面或是政治哲學。

Felix個性理性，渴望回歸正常生活，並希望能夠將所有人格融合為一體。

2. Michael

Michael是「原人格」，他曾經在學校遭到欺凌。性格有些調皮，喜歡捉弄同學，並從挑戰他人的行為中獲得快樂。在學術方面，Michael成績優異。

3. Jackson

Jackson的出現，源於某次簽名出錯，他在試圖替 Felix辦理銀行業務時，因簽名風格與原本不符而被發現。

Jackson擅長社交，能夠敏鋭地讀懂他人的肢體語言和面部表情。他也十分擅長調情，經常與 BB交換角色，以贏得女性的信任。Jackson 具有出眾的時尚感。

Jackson的出現是在 Felix遭遇霸凌之後，這使得 Felix不再被欺負。他有時喜歡「撩交打」，同時在性方面表現出色。

Jackson我行我素，但也常感到抑鬱，他的情緒波動會影響其他人格。

4. Daniel／ Rock

Daniel 擅長搏鬥，格鬥技巧高超，個性冷酷無情，缺乏同理心。他不喜歡與人接觸，對人際關係漠不關心。

5. Singer

- Singer 年齡約六歲，母親常常與他一起唱歌，而父親則會叫他：「咪嘈！」這段記憶主要與 Michael 相關。

6. Runner

Runner 年約十三歲，自負而好勝，自認非常優秀。

7. BB

BB年齡大約三歲，無法理解複雜詞彙，但能夠作簡單的口語交流，説話時帶有典型的「BB語氣」。

人格之間的關係

Runner 與 Felix關係：Felix很難與 Runner進行溝通，因為 Runner 通常不回應，或僅以單音節作答。

Jackson 的互動 ：Jackson只會在心情愉快時與其他人格互動，當他情緒低落或感到抑鬱時，則會封閉自己。

BB與 Felix的互動：BB與 Felix之間的關係良好，兩者能夠很輕易地交換主導位置。

在這個多重人格的內在世界中，每個人格都擁有不同的記憶與特質，而他們之間的互動則常常充滿矛盾與協作。Felix作為主要的調節者，試圖在這個複雜的精神世界中找到一種平衡，並希望有朝一日能夠實現人格的融合與統一。

「我需要有人來愛我，我才可以找到自己，才能感到充實。」他經常這樣告訴自己。然而，當他試圖與伴侶建立關係時，卻常常因為情緒失控而傷害到對方。「你真不可靠，總是這樣變來變去！」伴侶的指責如同利刃，讓他心如刀絞，卻又無法反駁。

Felix的生活充滿了矛盾與掙扎。他曾經沉迷於酒精和毒品，雖然能夠戒掉這些物質，但對情感的依賴卻讓他感到無比艱難。他失去了追尋真正愛情的動力，「我為什麼這麼渴望愛卻又無法長久地擁有它？」

他常常陷入沉思，痛苦於無法理解自己的內心。

有時，Felix會做出極端的行為，明知道是自我毀滅的行為，卻無法控制自己。「這樣做只是為了懲罰和報復自己。」他在心中知道自己的情況是如此，不過每當感受到被拋棄和羞辱時，他的情緒便會如火山般爆發，令他難以自持。

「我學會冥想，讓心靈平靜下來。」Felix知道自己的心理健康與冥想有著密切的關聯。不過在他狀態越差的時候，他就越不能冥想。

他渴望著一種解脫，卻又無法擺脫那些折磨著他的陰影：對失去愛和安全感的恐懼。他心中知道：過往的創傷與不知不覺地與身份解離彼此交織著，他知道也不去整合這些支離破碎的過往：「我一直擁有不同的解離身份，也就很難建立親密的關係。」

Felix為何除了有創傷後壓力症候群外，還有解離性身分障礙？

Felix患上了複雜性創傷症候群，童年時他經歷長期、反覆性或多重的創傷事件，加害者就是他的爸爸。爸爸既是他唯一的照顧者，又是施虐者，年幼的 Felix根本逃離不到他個魔掌。相比之下，複雜性創傷通常涉及更深層次的心理和情感影響。

複雜性創傷會影響一個人對自我、他人和世界的看法，可能導致焦慮、抑鬱、邊緣型人格障礙、情緒調節困難及人際關係問題，所以我最初也以為這是 Felix的臨床診斷。

解離身份障礙（DID）是一種特殊的解離症，它其實是大腦為了保護自己的一種應對方式。DID 與個人童年時期的創傷有很大關聯。當現實中的痛苦和壓力超過一個人（尤其幼兒）能承受的範圍時，精神可能會「創造」出其他人格來幫助分擔情緒負擔。

這些新的人格可以讓人暫時忘記那些令人不快的經歷和回憶，就像大腦將這些情緒和記憶「切割」出去，保護自己，讓自己可以面對日常生活，不被壓垮。

創傷後壓力症候群（PTSD）神經生物學的最新進展

探討有效藥物治療的可能機制

- 前額葉皮質：功能受干擾且逐漸萎縮
- 海　馬　體：體積縮小
- 杏　仁　核：過度活化
- 藍　斑　核：過度活化
- 下丘腦與 HPA 軸：功能受損
- 導水管周圍灰質：功能受干擾

Felix對自己目前的創傷症候群和解離身份，仿如面對一個複雜而痛苦的迷宮：「讓我們一起來面對和解開。」醫生對他說。

PTSD的大腦

「今天我將會談談大腦與 PTSD。

「研究顯示，創傷後壓力症候群（PTSD）與杏仁體過度活躍密切相關。作為大腦中負責恐懼和情緒反應的原始區域，杏仁體對早期創傷經歷非常敏感，容易將個體長期置於「警戒狀態」。患者因此常感到心跳加速、呼吸急促、全身緊繃，仿佛隨時有危險逼近（Liberzon et al., 1999）。他們生活的焦點往往圍繞著如何避開可能觸發創傷記憶的情境，甚至會採取隔絕社交、酗酒或吸毒等方式來麻痺自己，逃避情感困擾。對他們來說，麻木總比陷入痛苦要好。

「然而，他們無法徹底關閉這種『恐懼系統』。這是因為某些患者的杏仁體可能在早期生活中因經歷過強烈的恐懼而變得異常敏感，而其他人則可能缺乏前扣帶皮層與內側前額葉皮層的有效調節。研究發現，童年遭受虐待的女性及越戰老兵的前扣帶皮層活躍度顯著低於常人。當這些 PTSD患者面對創傷性圖片或聲音時，內側前額葉皮層的血流量減少，使得他們無法有效抑制杏仁體的反應。此外，戰爭老兵的內側前額葉皮層中苯二氮 （benzodiazepine）受體數量較少，進一步削弱了他們平復情緒的能力。

「PTSD患者的另一個典型特徵是體內皮質醇水平偏低。皮質醇是一種幫助人體「關閉」壓力反應的激素。若早期生活中的壓力使得基線皮質醇水平過低，當面對成年後的創傷，患者可能更難從情緒激動和閃回中平靜下來。紐約的研究專家 Rachel Yehuda發現，這種低皮質醇水平可能反映了患者皮質醇受體的過度敏感。他們的身體只需很少的皮質醇就能啟動壓力反應，導致遇到新的創傷時，他們的反應會異常強烈，皮質醇分泌飆升。

「總結來說，PTSD患者的杏仁體像一個過度敏感的警報器，無法停止對威脅的過度反應，而他們的大腦調節系統則無力「關閉」這個警報。再加上皮質醇水平的異常，患者經常處於無法控制的應激狀態，這使得他們在面對創傷時，比普通人更加脆弱與敏感。這些問題的根源，往往可以追溯到早年經歷的情感創傷。」Dr. Emma說。

這時候，Dr. Emma投射了一張簡報——海馬體的作用：記憶與壓力的關聯

「海馬體（hippocampus）是大腦中一個至關重要的區域，負責組織和處理記憶。特別是在年輕時，過多的皮質醇（壓力荷爾蒙）會對海馬體造成影響，妨礙我們對經歷的分類和理解。雖然海馬體在壓力發生時不會立即被激活，但其在 -壓力恢復過程中發揮著關鍵作用，幫助我們『把事情放在適當的比例』。

「海馬體與腎上腺相互作用，調節皮質醇的釋放。然而，持續的壓力會削弱這一調節能力，並且過量的皮質醇會對海馬細胞產生毒性，

導致其萎縮。研究顯示，過高的皮質醇還可能降低血清素的水平，進一步影響海馬體中新神經的生長和恢復能力。

「近期的腦成像研究發現，創傷後壓力（PTSD）患者的海馬體體積顯著減小，通常比正常人小約 8%。在某些經歷過嚴重創傷的越南老兵中，這一減少甚至達到 26%，似乎顯示長期的戰爭創傷對他們的大腦造成了損害。然而，新的研究提出了不同的觀點，顯示這些老兵在參加越南戰爭之前就可能已經存在小海馬體的情況。

哈佛大學的研究團隊發現，在一對雙胞胎中，一位經歷戰鬥創傷而發展出 PTSD，另一位則未經歷創傷。結果顯示，經歷過創傷的雙胞胎海馬體雖然較小，但留在家中的雙胞胎也有相同的情況，這暗示小海馬體的存在可能早於戰爭的壓力。因此，小海馬體可能是導致這位雙胞胎更易發展 PTSD的根本原因。

這項發現引發了對個體在面對創傷時脆弱性的深入探討，並且越來越多的基因研究支持了這一觀點，表明某些人可能更容易受到 PTSD的影響。遺傳易感性與環境因素的複雜關係，使我們更深入理解早期創傷對海馬體大小的潛在影響。影像學研究確認，童年時期的虐待與海馬體損傷之間存在關聯，雖然目前尚無法確定這種影響是對近期創傷的反應，還是早期創傷的結果。」

把震驚變成語言

Dr. Emma說：「對於創傷，關鍵是能否『把震驚變成語言』。

「我們的記憶分成兩種：一種是儲存在『熱情感區域』——杏仁核的情感記憶，它強烈且固定；另一種則是由『冷靜分析區域』——海馬體處理的語言記憶，這些記憶更靈活，能隨著環境變化而調整。語言記憶能幫助我們理解過去，並將它們納入現在的語境中，但這個過程在患有創傷後壓力症候群（PTSD）的人身上卻被卡住了。

當創傷記憶被觸發時，PTSD 患者的大腦會產生奇特的反應。研究顯示，他們大腦中的語言區域如左額葉和布羅卡區（負責語言組織）活躍度降低，但控制情感和感官反應的右側邊緣系統和視覺皮層反而活躍起來。結果就是，情感和圖像強烈湧現，但語言能力卻無法對應，因此出現『無言的恐懼』，即使心中波濤洶湧，卻說不出一句話。

這種狀態讓創傷記憶無法被語言處理並歸入過去，反而會不停地『跳出來』干擾現在，讓人反覆重溫那些痛苦片段，形成所謂的『閃回』。換句話說，記憶的兩個部分——情感與語言無法同步整合，讓情感持續困在過去。」

「要如何處理這種情況？」一位觀眾問。

「治療的關鍵之一是通過說話和敘述來『解鎖』記憶。把壓力和情感轉化為語言，可以幫助我們激活大腦中負責語言與情感連結的區域，從而逐漸讓創傷記憶融入過去，而不再打擾當下。這個方法在許多情況下被證實是有效的，但對於小孩子來說卻幾乎行不通。原因在於，海馬體直到孩子兩三歲時才完全發展，因此幼兒的記憶無法通過語言整理。嬰幼兒時期經歷的創傷，更可能深埋在杏仁核中，形成不易撼動的情感記憶。

這種未經語言處理的情感記憶會導致杏仁核過度活躍，使孩子持續處於對威脅的高度敏感狀態，並在成年後容易發展成扭曲的壓力反應。這也說明了，為何早期創傷經歷會引發如解離性人格障礙等更深層次的心理問題。要真正走出創傷，孩子需要的不僅是時間，還有成長中持續的情感支持與語言協助。

「其實，創傷與虐待之間，是一個連續體！」Dr. Emma對聽眾說。

Felix後來怎樣？

「Felix後來怎樣了？」一位聽眾問。

「好，回到 Felix的故事了，我終於有機會見到 Felix的媽媽。」

媽媽坐在椅子上，眼神又是困惑又是焦慮：「我知道孩子的成長過程中有些事情不太對勁，但…」她停頓了片刻，「但我真的沒有辦法，因為丈夫對我家暴。我也不知道經歷這些對他有那麼大的影響。」

我輕聲說：「成年人通常有強大的壓力反應系統，海馬體在成熟後能幫助我們處理困境。所以，雖然面對極端環境，我們會感到壓力甚至精力耗盡，但最終，我們能找到出路。」

「不過孩子就不一樣，正如我沒有精神障礙，但兒子卻有？」媽媽的聲音微顫。

「是的，孩子不一樣，」我點點頭：「他們的大腦還在發育。他們的生理和心理資源都還不夠應付。我們往往低估了這點。對他們來說，很多情況會被視為生死攸關的問題，甚至是我們看似平凡的行為。當他們看護者的離開時，對他們來說，或許就像是面臨死亡的威脅一樣。」

媽媽低下頭，眼中閃過一絲悔恨。「你是說，我離家出走，對他來說可能像是…死了？」

「對，對孩子來說，尤其是在那些依賴成人生存的年紀，他們無法區分暫時的分離和真正的死亡。他們的世界是由成年人構建的，特別是父母或主要照顧者。你對他的保護、支持，直接影響他對這個世界的安全感。」

媽媽悄然落淚。「我真的想給他最好的生活，但我太軟弱了。」

我輕聲安慰道：「明白的，事實上創傷的來源不一定是顯而易見的虐待。比如，對某些成年人來說，毆打或性侵是虐待的標誌，但對孩子而言，有時僅僅是被告知自己『無用』，或長期感到被忽視、孤立，都會構成創傷。那是一種對他們存在的否定，讓他們懷疑自己是否值得活下去。」

「這就是為什麼他會說他覺得自己不夠好？」媽媽喃喃自語，回憶著 Felix那些令人心痛的言語。

我點頭：「創傷的核心就在於對生存的懷疑，無論是肉體的生存，還是心理自我的完整。一位創傷倖存者曾經告訴我，『我不得不相信，我被傷害是因為我不夠好，所以我就一直恨自己。』這是一個殘酷的循環。」

「所以 Felix真是受到極大的驚嚇，他唯有以不同的身分去承受這些不可控制的創傷。」我對媽媽解釋。

「我應該怎麼辦？」媽媽無助地問道。

「孩子需要的，遠不止物質上的照顧。他們需要情感上的安全感。他們會忠誠於照顧者，因為你是他世界的中心。你有能力改變孩子的感受，讓他知道他是被愛、被重視的。要給他足夠的關愛，同時也要讓他知道，他無需完美才能得到愛。

「Felix告訴我，你還有一個小女兒嗎？」

媽媽深吸一口氣，點了點頭。「我會試著做得更好，讓女兒感受到安全和愛，也會跟 Felix保持聯絡。」

以上，就是 Felix故事的後續。

Maria後來怎樣？

「那個 Maria怎樣了？」另一聽眾問。

「我也有機會見過 Maria的媽媽。」Dr. Emma繼續說。

「我曾經以為我們給了他一切他需要的……但現在回想起來，我可能忽略了更多的東西。」媽媽說。

「因為我們經營小生意，一家人一直都很忙……沒時間坐下來聊聊感受，」媽媽的語氣中透出深深的懊悔。「Maria那麼乖巧，我以為她能適應，會沒事的。」

Dr. Emma說：「對孩子來說，父母不僅僅是提供物質需求，更是他們情感世界的核心。當父母的關愛消失，或是他們感覺不到你在他們身邊時，那種情感的空白可能會很強烈，特別是在他們依賴的年紀。」

「你是說，這種情感上的忽視也會像那些極端的虐待一樣，對他造成傷害？」媽媽皺起了眉頭，眼中充滿了自責。

「是的，」Dr. Emma說。「雖然我們通常只會關注那些極端的虐待情況，比如身體虐待或性虐待，這些確實會導致嚴重的後果，比如重度抑鬱、邊緣性人格障礙或創傷後應激障礙，但輕微的忽視或情感虐待同樣在親子關係中留下了傷痕，只是它們的表現可能更加微妙。」

媽媽慢慢抬起頭：「可是，我們並沒有打她，也從來沒有故意讓她覺得自己不重要。為什麼她現在表現得這麼疏遠，甚至拒絕和我們交談？」

Dr. Emma解釋道：「這是一個連續的光譜：由輕微的忽視，一直延伸至情感虐待，與那些更強烈的形式，其實本質相似，都是情感調節的失衡。在輕度的情況下，孩子可能會表現出迴避（avoidant)或抵抗(ambivalent)的依附行為，這些孩子長大後常常容易抑鬱、焦慮，甚至發展出自戀型人格障礙。在更極端的情況下，焦慮會轉變為真正的恐懼。」

媽媽又問：「那這是不是意味著我們的關係有問題？我們以為我們在做對的事，結果卻在無意中傷害了他？」

Dr. Emma說：「情感世界的忽視不一定來自惡意，但它的影響依然深遠。當孩子感覺不到來自父母的安全感和支持，他們會內心產生懷疑，開始質疑他們是否真的被愛，是否能夠依賴父母。這可能會導致各種不安全的依附類型，甚至更為混亂的情感反應。」

媽媽捏緊了手，眼中充滿懊悔和決心。「那我應該怎麼做？」

Dr. Emma露出安慰的微笑，「認識到問題是一個好開始，然後重建你們的情感連結，讓 Maria邁向康復的路。」

「每個孩子都需要感受到父母對他的關愛、父母對他安全感的承諾。父母可以通過更多的陪伴和理解，讓孩子知道，父母一直在他的身邊。」Dr. Emma總結。

「多謝 Dr. Emma，今天的個案分享很豐富！」主持人說。

. . .

被擾動的孩子

回到課室裏，Dr. Emma跟學生上課：「今天，我想分享一下這個題目：被擾動的孩子！」

Dr. Emma同時投射了一張簡報。

Dr. Emma：「今天，我想和大家分享一個案例。這是一位單親媽媽和她三歲兒子的情況。這位媽媽告訴我，她跟兒子的關係有些緊張。她承認自己情緒不太穩定，甚至有些抗拒兒子，因為他長得像他爸爸。」

學生問：「為什麼會有這樣的情況呢？」

Dr. Emma說：「這位媽媽提到，她的兒子有時會突然變得很親近她，但下一刻卻推開她，甚至大聲尖叫。這種行為模式在心理學上可能和無組織依戀（disorganized attachment）有關。」

學生又問：「無組織依戀是什麼意思？」

Dr. Emma：「簡單來說，在這種依戀模式下，孩子對主要照顧者沒有固定的行為反應。他們一方面渴望親近，但又會突然變得僵硬、疏遠，甚至感到害怕。就像這個孩子一樣，時而依賴，時而拒絕母親。」

另一學生問：「一些極端行為，像是撞牆或者坐在地上發出怪異聲音，都是無組織依戀引起的嗎？」

Dr. Emma回應：「這些行為往往代表了孩子的情感矛盾。他既想靠近媽媽，又因某些原因感到不安或恐懼。父母在孩子心中有時是避風港，但有時也會成為恐懼來源，這讓孩子無所適從。」

學生又追問：「如果這樣的情況持續下去，會對孩子造成什麼影響？」

Dr. Emma說：「如果這種依戀問題持續未解決，孩子未來可能會在人際關係和情緒管理方面遇到困難。研究發現，無組織依戀的孩子長大後，可能會面臨情感困境，甚至形成邊緣性人格障礙。他們的內心常常陷入施虐與受虐的情緒循環。」

一位學生問：「這聽起來真的很嚴重。那會不會影響他們的腦部發育？」

Dr. Emma說：「會的。尤其在三歲之前，這種早期的情緒創傷可能會影響大腦的發展，比如前額葉皮層的結構，這部分與情緒控制有關。如果這個區域受損，孩子在未來的生活中可能會更難以調節情緒。」

學生著緊地問：「那麼，有什麼方法可以幫助這位媽媽和她的孩子嗎？」

Dr. Emma笑笑說：「對她來說，穩定和安全是關鍵。這位媽媽需要給予孩子一個安全、穩定的環境來重建依戀關係。我並且建議她尋求專業的心理支持，處理自己在情緒上的壓力和對孩子複雜的情感。」

學生疑惑地說：「這位媽媽願意改變嗎？」

Dr. Emma微笑：「她表達了想要讓孩子感到安心的願望，這是好的開始。只要她持續努力，愛與關懷會對孩子產生正面的影響。」

．．．

今天 Dr. Emma約了 Alice和另一位朋友，也是一位新手媽媽，一起喝咖啡。

Dr. Emma端著咖啡杯，隨口問那位媽媽：「最近你跟小寶貝相處得怎麼樣？」

年輕母親歎了口氣，放下手機，眼神有些焦慮。「說實話，有時候我覺得自己好像不太懂怎麼做媽媽。她哭的時候，有時我真的是沒有辦法馬上安慰她。不是我不想，只是……我也累得不行了。」

Dr. Emma說：「這聽起來像是依戀創傷的開端。」

「依戀創傷？」Alice困惑地皺起眉頭，「這是非常嚴重的事情嗎？跟虐待有關的那種？」

Dr. Emma輕輕笑了笑，「其實不一定。創傷並不總是來自那些極端的經歷。有時候，僅僅是周期性的忽視，或者偶爾的情感冷漠，就足以對孩子造成影響。嬰兒處於高度依賴狀態時，偶發的無反應就是問題所在。」

Alice瞪大了眼睛，手中的勺子在杯子邊沿輕輕敲打，「你是說，她這樣忽視她幾次……會對她造成傷害？」

「不完全是這樣，」Dr. Emma放下杯子，語氣變得柔和一些。「但想像一下，如果她每次需要安慰時，你都無法及時給予支持，久而久之，她可能會發展出一種防禦機制，比如迴避型或抵抗型的行為。這些防禦機制短期內可能有效，但長遠來看，這會讓她更容易在未來遭遇情感困擾，比如焦慮、抑鬱，甚至自戀型人格問題。」

年輕母親無奈地揉了揉太陽穴，「天啊，我可沒虐待她。」

Dr. Emma安撫道，「你不是壞母親，只是有時候情感管理上出了一些小問題。這很常見，尤其是當父母自己也疲憊不堪時。能夠找到幫到手的人，好讓自己輕鬆一下是很重要的。身心疲累的媽媽，不能對孩子有適切的反應，會影響孩子的未來。」

「依戀理論有趣的地方就在這裡，孩子會基於早期的經驗，發展出一套對人際關係的『內在模型』。如果一個孩子經常感覺不到被父母重視，她會開始認為自己的感情對他人毫無吸引力。這種感覺會內化，成為她對自己價值的認知。」Dr. Emma說。

「所以孩子會覺得自己不值得被愛？」年輕媽媽說。

「正是這樣，」Dr. Emma點頭，「這些孩子長大後，無論在人際關係還是愛情中，都可能不斷地複製這種負面的自我認知，總覺得自己不值得被愛。他們甚至會下意識地尋找讓他們驗證這一點的情況，比如，選擇對他們情感冷漠的伴侶。」

Alice輕輕歎氣：「我們看來要放鬆一下，好好跟孩子互動。」

「一切並非不可逆轉。只要你開始注意孩子的情感需求，學會在她需要時提供穩定的安慰和支持，你們的關係是可以修復的。而且，你也不需要表現完美。即使偶爾有疏忽，只要大多數時候她能感受到你的愛，她就會有一個健康的依戀模式。」Dr. Emma補充。

「不怕，有我作為你的同路人！」Alice一邊說，一邊輕輕拍朋友的肩膀。

「對！你們會是更好的媽媽。」Dr. Emma說。

第七章

虐待折磨：人格障礙與早期經歷之間的橋樑

「有一種更黑暗的抑鬱情況，
與更極端的早期經歷有關。」

這天，在醫學討論中，Dr. Emma、Dr. Mary、Dr. John和 Dr. Bill圍繞人格障礙與抑鬱的關聯進行了深入的對話。

人格障礙的早期負面關係：兩個個案

Dr. Bill分享了 Eve 的個案：

「我是一堆垃圾！」Eve 低下頭跟我說。接下來她讓我看到她前臂上的多條傷痕。

「我要這樣懲罰自己，也讓這些身體痛苦，停止我內心的掙扎糾結。」Eve 哭了。

Eve 的童年很坎坷，爸爸早逝，媽媽因為自己心力交瘁，對孩子都是批評責罵。

「我沒有一件事是做得對的，無論是煮飯、洗地、洗碗、晾曬衣服，都給媽媽批評責罵。」Eve 說。

「我覺得我是一無是處的人，我沒有好朋友，因為太自卑，根本不懂與人相處。除了𠝹手外，我根本不懂得處理自己的壓力。我對自己這樣做，其實感到很愧疚。」Eve 幽幽的説。

Dr. Bill説：「Eve 其實是一個很優秀的女士，她唸美術插畫，以一等榮譽的成績畢業。記得有一次，她跟我説：『我問上司我的表現如何？她回答説，若有一百分，你是一百二十分。我不敢相信，流下眼淚，不懂怎樣回應上司，因為我覺得自己是垃圾。』」

「Eve 有著邊緣人格障礙的影子，她缺乏健康的『自戀』，她不懂得跟人建立關係，她不懂得調節自己的情緒，除了自殘，她還經常有自我了結的念頭。

「但是 Eve 並不完全有邊緣人格的特徵，她不會過度理想化一個人，然後一念之間貶低他；她不會把人簡單分裂為好與壞。Eve 有被拋棄的恐懼，所以她對人十分抽離。」。

Dr. Emma説道：「當一個人成為他人負面關注的焦點或遭受忽視，他們的自尊就好像被酸性物質慢慢侵蝕。這情況若是在個性形成的早出現，可能會導致孩子抑鬱，或增加他們患上抑鬱症的風險。」

Dr. John點頭表示同意，補充道：「對，尤其是那些在嬰兒期遭受極端經歷的人，可能會發展出邊緣性人格障礙。這種障礙讓人失去對現實的正確評估和掌握，導致內心的恐懼非常真實，他們甚至會認為周圍的人正試圖傷害他們。」

Dr. Bill進一步闡述：「人格障礙的診斷範圍很廣，這些分類雖然能幫助我們理解患者的問題，但實際上，每個個體正如 Eve 一樣，並不總能完全符合這些分類。當治療師使用如『自戀型』或『邊緣型』的時診斷時，往往帶有貶低意味，對患者成長歷史的好奇心和同理心都忽略了。」

Dr. Mary加入討論，強調抑鬱是這些人格障礙的核心：「這些患者的自我感非常脆弱，容易因普通事件陷入抑鬱狀態。尤其是邊緣性人格的抑鬱，他們的情緒像過山車，極端波動。內心世界被自我毀滅、衝動、敵意等拉扯。這些行為模式，反映出他們在情緒調節方面面臨的巨大困難，不僅讓患者內心飽受煎熬，他們的生活也很混亂，對於對我們來説，他們也是很大的治療挑戰。我們需要更多的耐心和理解，來幫助他們學會情緒管理。」

Dr. Emma接著説：「描述人格障礙症狀，往往會讓人忽略問題的根源。這些問題並不是與生俱來的，而是某種特定親子關係歷史的產物。傷害越大，症狀可能就越嚴重。當然，還有當中有個性和環境的，交互作用，但關鍵在孩子早期所經歷的關係。」

邊緣人格的患者的父母是怎樣的？

Dr. Mary點頭同意，補充道：「尤其是邊緣型人格障礙，根源往往可以追溯到嬰兒期的情感干擾。這些孩子可能整天和母親在一起，但經歷的卻是『情感上的忽視』。父母可能身心都不在場，甚至對孩子對身心虐待，讓孩子長期處於交感神經高度興奮的狀態，他們不可能成為孩子調節情感的監管伙伴。」

Dr. Bill接著舉例：「邊緣型人格障礙的父母，通常是那些自身情感資源匱乏的人。他們很難對孩子的需求保持敏感，他們往往心事重重。例如一個被搖鈴過度刺激的嬰兒，當他轉頭示意不堪承受時，這些父母並未察覺，反而更大聲地搖鈴，完全漠視孩子真正的需求。」

Dr. John點頭附和：「這種反應只會加劇孩子的不安。如果父母自己情緒動盪，甚至對孩子心存怨恨，這種情況會更糟。父母無法自我安慰，面對嬰兒哭鬧時，他們壓力倍增，進一步削弱他們的情感調節能力。長期下來，這些情緒失調的家庭氛圍，會讓孩子在未來面對情感調節和自我安慰上，面臨巨大的困難，這是一個惡性循環，一個難以擺脫的情感困境。」

時間差不多了，這班志同道合的好朋友，一起到樓下的咖啡廳，喝杯咖啡鬆弛一下。大家「充電」完畢，Dr. Emma開場說：「寶寶真是個小混亂製造機，真的能讓人抓狂，尤其是當父母覺得自己完全沒時間喘口氣時。對那些缺乏家庭支持的父母來說，他們對寶寶的反應往往會感到很不耐煩，不是爆發身體或語言上的攻擊，就是乾脆讓寶寶自己哭個夠。」

Dr. Mary點頭表示同意：「潛在邊緣型人格的父母，通常非常依賴他人的情感支持，對於『被拒絕』非常敏感。她僅僅因為寶寶還不會笑，他們就錯誤解讀新生兒不喜歡她們。當寶寶四個月大，對外界越來越好奇時，這些又會感到解讀為寶寶不再需要她們，這讓她們感到『被拒絕』。」

Dr. John接著說：「這種情況對這些母親來說特別痛苦，因為她們自己內心的需求無法得到滿足。結果，可能會對寶寶採取疏遠或冷漠的態度，甚至報復性的行為。當父母本身有強烈未滿足的需求時，要他們先考慮寶寶的需求，就會非常困難。」

Dr. Bill補充：「這些父母的童年經歷，往往也充滿忽略和虐待，導致他們以同樣的方式對待自己的孩子。一項研究發現，這些虐待孩子的母親不僅對寶寶的哭聲感到極度緊張，甚至在寶寶微笑時也會覺得不舒服。因為她們感到與寶寶的關係壓力太大，對自己能否調節自己和孩子的情緒，充滿懷疑和不安。」

Dr. Emma感慨地說：「這是一個惡性循環，沒有得到關愛的父母，很難給予自己的孩子足夠的情感支持。寶寶應該是關愛的接收者，卻成了情感衝突的見證者。」

無序的孩子

Dr. Emma接著說：「即便這些父母對孩子有很深的愛，內心的混亂和焦慮，令到他們無法對孩子保持穩定的情感支持。這種飄忽和時好時壞的照顧，往往會導致孩子形成無序的依附關係。」

Dr. Mary補充道：「這不僅發生在那些被忽視或虐待的家庭中，甚至在經歷過重大悲劇，未能成功哀悼的家庭也會出現。比如，父母失去過一個孩子，這種情感創傷會讓父母無法全心全意地照顧現有的孩子。他們的注意力變得分散、心事重重，寶寶的需求經常被忽視。」

Dr. John思索竹後説：「寶寶察覺到父母波動的情感反應，比如父母可能有時會突然變得焦慮、退縮，或者行為突然變得極為進取而讓寶寶害怕。這讓寶寶感到世界是不可預測的，充滿了不安全感和恐懼。」

Dr. Bill點頭：「是的，恐懼是無序依附的一個重要部分，尤其在生命的早期階段，父母的不一致照顧對寶寶來説就像是一種生存威脅。成年患者常常描述他們在嬰兒時期經歷過的這種感覺，好像整個世界隨時崩塌。」

Dr. Emma分享了她的案例：「讓我説説曾經遇到的一個病人，她名叫 Jane。

「Jane本身來自單親家庭，她唸書成績不好，初中時就經常逃學，後來認識了一些江湖人士。

「Jane跟不同的男人發生性關係，最後她意外懷孕。但 Jane腹中胎兒的經手人卻因此離開了 Jane。她把孩子生下來，是一個小男孩，樣子極像他的父親。Jane潛意識裡感到孩子是拋棄她男友的影子，所以對他很有敵意和偏見。

「後來 Jane結交了新的男人，兩人同居。不久 Jane懷上了第二胎。

「Jane對寶寶的態度起伏不定，當她情緒穩定時，她覺得孩子很可愛，但當男朋友讓她失望時，她會陷入憤怒，對孩子的態度變得粗暴。在餵食過程中，她會不耐煩地把勺子粗魯地塞進他

的嘴裡，甚至忍不住掐他的耳朵。這讓孩子感到害怕，之後 Jane會陷入自責中，不過這個模式還是不停循環。

「你笑什麼，有什麼好笑？」Jane又是一手掌擱在孩子的臉上。

「我對他們母子進行了錄影，發現孩子在 Jane離開後重遇時，起先靠近她，接下來又走開，低頭玩弄手上的紙張。

「這是很典型『無序的寶寶』。」Dr. Emma嘆了一口氣。

Dr. Mary接著說：「這樣的情況會形成一種惡性循環。寶寶對母親的恐懼，讓母親懷疑孩子是否愛她，這反過來又加深了她的焦慮和攻擊性。所以，早期介入是非常重要的。幸運的是，Jane最後尋求了幫助。通過治療，她開始意識到自己的情感歷史和現在的反應之間的聯繫，逐漸學會了更好地調節自己的情緒，並能夠更專注於孩子的需求。這種改變，雖然需要時間，但對孩子和父母來說都是至關重要的。」

Dr. Bill說：「不過這些無序寶寶在情緒發展上會遇到極大的挑戰，因為他們的父母太過不可預測，孩子無法發展出一個穩定的生存應對策略。他不知道什麼時候應該靠近母親，還是遠離她。這讓他既需要母親，但同時又擔心她會讓情況變得更糟。」

Dr. Emma點頭道：「這種情況，最常見出現在虐待孩子的家庭，父母既是施虐者，也是照顧者，正如 Jane的寶寶一樣，發展出無組織依戀，孩子根本沒有學會如何以一致的方式管理情感與應對。他的大腦沒有發展出足夠的結構來自我安撫或應對壓力。小小的煩惱可能會演變成巨大的痛苦，因為他的眶額皮層無法有效地控制杏仁體的反應，導致寶寶的情緒失控。」

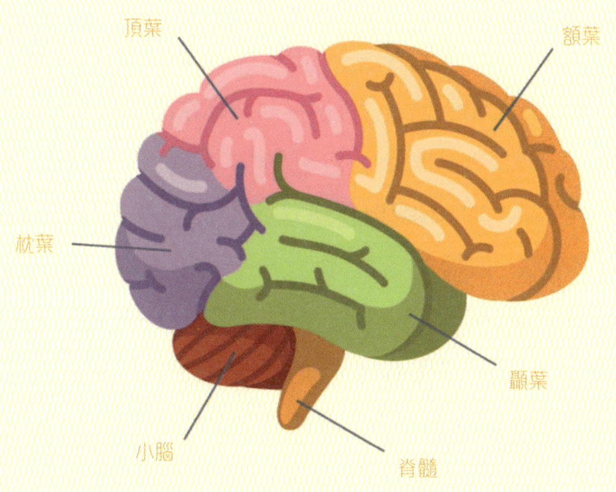

Dr. John接著說：「這種情況下，孩子的壓力反應系統變得特別敏感。他可能無法抑制自己的情感，甚至無法集中精力完成目標。他會依賴他人來告訴他應該怎麼做、怎麼感受，儘管外表看起來他在成長，但內心深處他可能依然像個嬰兒，等待著外界給他線索如何去面對世界。」

Dr. Mary補充：「所以如果父母自己陷在情緒中，不能理解孩子的需求，這對孩子來說就像失去了指南。孩子會感到迷失，無法理解周圍的世界。更糟的是，當父母情緒失控時，甚至可能表現出暴力或言語虐待。這種不可預測的恐怖，讓孩子無法建立安全感，也無法學會如何有效管理自己的情緒，冷靜地詮釋外邊世界。

Dr. Emma接話：「根據辯證行為療法（Dialectic behavioral therapy)創始人Marsha Linehan的理論，邊緣性人格障礙的患者經常經歷所謂的『無效化父母』，這些父母不但無法理解孩子的感受，還經常否定或貶低他們的經歷。比如，當孩子說自己渴了，父母會回答：『你不可能渴，你才剛喝過橙汁。』這種回應否認了孩子的真實需求，並且不讓他們表達自己的感受。」

Dr. John點頭說：「這些父母無法忍受孩子的情緒波動，因為他們自己也無法安慰自己。當孩子哭泣時，父母的反應通常是惱怒，而不是關懷。這讓孩子從小就學到，自己的情緒是不被允許，表達情緒是一件壞事，並且如果他們不能自行處理，就被認為是個人能力問題。」

Dr. Mary補充：「這樣的家庭環境迫使孩子壓抑自己的真實感受，慢慢形成一個『虛假自我』，孩子可能表現得好像一切都很正常，但內心卻充滿了孤立和不真實感。他們學會了按父母的期望行事，而不是按照自己的需求和感受來生活。」

Dr. Bill想了一想：「不少『直昇機父母』，對子女的教育『無微不至、鉅細無遺」，往往會『過猶不及』，同時間，也會令孩子感到『無效』。例如店員對一個孩子說：『我們的朱古力雪糕已經買清，我給你草莓蛋糕？』媽媽搶著說：『她最愛草莓口味！』孩子並不是太抗拒草莓雪糕，而是在過程中，她無法活出真實的自己。」

Dr. Emma總結道：「這正是無效化父母對孩子造成的傷害。他們讓孩子質疑自己真實的情感和需求，最終使孩子喪失了對自己的信任。」

四位好朋友相約了下一個月再聚會，繼續進行接下來的討論。

自戀形人格障礙

「今天我由日本帶來了一些茶點，還有玄米茶，大家隨意享用。」Dr. Bill說。

「難得！ Dr. Bill很少這樣細心的。」Dr. Mary揶揄他說。

Dr. Emma首先提出：「自戀型人格障礙的患者往往有一種『仿佛』的自我，就像我的一位病人 Daisy，她表面積極，喜歡旅行和散步，但無法長期投入某件事，始終感覺自己不屬於某個世界。

「Daisy的成長經歷讓她形成了這種困境。她的父母不容忍她的需求和依賴，甚至在她哭泣時，母親也不會安慰她。她的母親更關心自己的生活，而不是孩子的感受。」

「這讓 Daisy覺得自己總是笨拙不足。她母親的憤怒爆發，讓她害怕犯錯，所以她總是努力取悅他人，渴望得到認可。她的自我感受從來不是出於真實的情感，而是為了符合他人的期待。」

Dr. Bill點頭表示認同：「這種情況很典型，自戀型人格障礙的人常常，遏抑真實的感受，特別是負面情緒。表面看起來他們很堅強、獨立，實際上內心非常脆弱，容易陷入抑鬱。」

Dr. Emma說：「就像 Daisy，他們常常覺得自己生活在成人的世界裡，卻無法真正融入。她試圖迎合他人的期望，但始終感到迷失和孤立。」

Dr. John若有所思地說：「我有一個名叫 Eric的病人，今年差不多四十歲，父親是醫生，媽媽是護士。父母對他要求很高。」

「你為何數學卷只有 97分？那 3分去了哪裡？你究竟有沒有盡力？」Eric的媽媽經常對他的成績冷嘲熱諷。

Eric在英國唸完高中後，就進入了港大醫學院，不過 Eric在畢業後在實習和受訓期間，經常跟上司和病人起衝突，結果他不能夠完成專科受訓，也都不能待在一間醫院穩定地工作。

Eric在親密關係上，也屢屢碰釘。

「我認為自己蠻好的，家境又不錯。可能之前有一些誤會，令他人對我存在偏見。這個世界就是那麼不公平！」Eric看來有點自戀狂。

Dr. Mary說：「孩子的成長，建立健康的『自戀』是必要的：認為自己與眾不同是人類的正常需求。其實每個人都會自戀，總會覺得自己有一些與別不同的地方，希望有機會展現，得到別人肯定。

「不過 Eric所表現出來的自戀，肯定很不健康。究竟什麼是健康的自戀，什麼是病態的？」

Dr. Bill補充：「根據 DSM5，病態自戀者妄自尊大、過於自信、對別人缺乏同理心、剝削別人，幾乎沒有羞恥或罪惡感。容易做出冒險行為。」

Dr. John回應：「很多時候，Eric覺得自己不錯，而別人都很差勁。Eric對他『前度』的感受，不管不問，所以在他身邊留下了無數的情感創傷 。不過 Eric曾經有一個女朋友，成就比自己棒，令他既自卑，又憤怒。

「自大狂的 Eric，其實是很脆弱的自戀者。他的成長經歷，充滿了對他的否定，他內心缺乏安全感，他具有防備心理，傾向於把他人的言行視為有敵意。此外 Eric用強迫性的清潔行為，對金錢的極度吝嗇，對別人的操控，成為一道道的心理防衛。」

Dr. Mary這時插入話題：「另一個極端，就是父母對孩子無底線的溺愛（可能是大多數人），以致孩子將來成為一個『妄自尊大』的自戀狂。」

健立孩子健康的自戀

「建立健康的自戀，首先由家庭做起。父母對孩子有『無條件』的愛，無條件的愛令孩子覺得自己獨一無二，他／她的存在已經是一份祝福。不過孩子也需要『有條件的愛』；父母對負面情緒的處理，和對行為的制定和底線，這樣做就是令他們明白現實生活上，如何在合理範圍內待人接物。」

Dr. Mary強調：「事實上，健康的自戀是每個人都需要的，每個人都需要自信、自尊和自我價值感，和與現實相應承受挫折的能力。」

這時候 Dr. John拿起《精神障礙診斷與統計手冊》（The Diagnostic and Statistical Manual of Mental Disorders，簡稱 DSM）。

Dr. John說：「自戀型人格障礙最常見的症狀包含自我意識過強、過度自大、與情感脫節，還有對他人嫉妒的恐懼。這些問題背後其實是與他人缺乏穩定的連結，導致情緒波動不定。

「這些人時而覺得自己無所不能，時而感到脆弱，擔心被他人傷害。這種情緒的不穩定，從某種程度上像是一種輕微的躁鬱症。Allen Shore的研究指出，自戀的根源可能來自於幼兒時期的經驗，尤其是早期養育者未能幫助他們處理羞恥感。」

Dr. Bill補充：「有些父母在寶寶還是嬰兒時照顧得不錯，但隨著孩子開始有自主性，問題就出現了。他們希望孩子永遠依賴自己，滿足自己的需求，無法接受孩子的獨立性。」

Dr. Emma點頭同意：「這種關係很容易讓孩子發展出不安全的依附，甚至會讓孩子感到被掌控或被忽視。像 Daisy這樣的病人，她的母親就是個例子，時而全神貫注，時而冷淡疏離。這會給孩子帶來深層次的情緒困惑和羞恥感。」

Dr. John說：「關鍵問題在於這種羞恥感，正是這種不被認可或被拒絕的感受，影響了孩子的情緒調節能力。父母的不滿和消極情緒，讓孩子無法學會如何健康地抑制自己，最終陷入情緒失控的循環中。」

Dr. Emma接著說：「在學習社會規則時，孩子難免會經歷一些挫折或破裂的關係，關鍵在於父母要及時修復，讓孩子感到安全感的連續性。如果關係的裂縫持續太久，孩子的情緒壓力就無法得到緩解，壓力激素像皮質醇等就會累積。」

Dr. John點頭同意：「沒錯，小孩子的情感波動比較強烈，父母需要幫助他們快速恢復和穩定。那些不善於調節情緒的父母，往往會讓孩子陷入長時間的痛苦。他們可能無法面對孩子的負面情緒，有時會選擇避而不談，或者直接羞辱孩子，比如說 『你怎麼這麼軟弱』之類的話。」

Dr. Bill補充：「當孩子表現出憤怒時，這類父母也可能會讓情緒升級，反而加劇問題。比如，孩子表達不滿時，父母可能會反擊說 『你怎麼敢這樣對我説話！』而不是引導孩子冷靜下來。這樣的互動讓孩子學不會如何有效地處理自己的情緒。」

Dr. Mary接著說：「而且，這不僅僅是負面情緒的問題。當孩子開心、興奮時，父母如果無法與他們共同分享這些快樂，或者無法幫助他們將情緒調節到合適的水平，也會讓孩子感到孤立和困惑。時間久了，孩子可能會對父母的支持失去信心，甚至懷疑自己的價值和能力。」

Dr. Emma總結：「這樣的情感調節失敗，很容易讓孩子成長過程中對自己和他人的情感連結產生懷疑，導致長期的情緒問題，特別是容易陷入抑鬱。尤其是那些從小經歷了長期情感失調的孩子，他們的壓力反應會變得異常敏感，甚至微小的挫折都可能引發強烈的負面情緒反應。」

虐待的光譜

Dr. Emma：「儘管 Daisy 的問題源自她幼年時期的經歷，但其實更深層的問題可能可以追溯到她嬰兒時期。她的母親在哺乳時感到困難，幾乎沒有抱過她，甚至讓她冬天時在嬰兒車裡待得太久導致低體溫。這些早期的疏忽和冷漠無形中深深影響了她的情感發展。」

Dr. John補充：「這不只是一般的情感忽視，而是帶有敵意的表現。比如，她母親曾經當著其他人面強迫 Daisy在露營時清洗帶血的衣物，這樣的記憶對她來說，是一種深刻的羞辱，但她的意識中卻很少提及。」

Dr. Bill點頭道：「是的，這些早期經歷對 Daisy的自我認同和人際關係產生了極大的影響。她在與治療師的互動中表現出一種矛盾感，既需要治療，但同時也對治療保持批評和懷疑，這反映了她對母親既矛盾又複雜性的情緒。。」

Dr. Mary接著說：「Daisy的治療過程很有意思。她準時且定期參加治療，但每當假期臨近，她情緒就會崩潰，反覆提到停止治療或考慮其他療法。這顯示了她內心深處對被拋棄的恐懼，而這恐懼無疑來自她與母親的關係。」

Dr. Bill總結道：「這類患者在治療關係中表現出的反應，往往揭示了他們早期生活的內在痛苦。他們缺乏信任、無法期待得到情緒調節的支援，這些都源自他們童年未解決的情感創傷。研究也表明，有七成患上邊緣性人格障礙的人，在早年經歷了情感虐待，這比性或身體虐待更為普遍。」

Dr. Emma點了點頭說：「我同意 Linehan 的觀點，性虐待本身或許只是家庭功能失調的表現之一，而不是唯一的根源。這種家庭往往不僅是不恰當，而是以一種更極端的方式拒絕孩子的情感需求，像 Zuulueta 所說，虐待是一種特殊形式的拒絕。」

Dr. Bill說：「這確實反映了邊緣性人格的雙重打擊：孩子依賴的照護者既不能提供情感支持，還可能對孩子進行侵略性的拒絕或虐待。這樣的經歷，特別是在早期童年，對人格的形成影響深遠。」

Dr. Mary接著說：「而更糟的是，Daisy還經歷了她姑姑的性侵犯。這位姑姑在她孤獨無助的時候，成了她生活中的『親密』人物，但這段關係卻帶有傷害性的性接觸，讓她在成年後陷入了更深的情感混亂，甚至把這種傷害延續到自己女兒身上。」

Dr. Mary隨著總結道：「這再次顯示了邊緣型人格障礙的形成與早期關係中的多重創傷有關。當孩子的情感需求沒有得到滿足，甚至被濫用，他們未來很可能難以建立健康的情感聯繫，甚至可能把這種痛苦如 DNA一樣，傳遞給下一代。」

四人內心有點沈重。

Dr. Emma輕輕歎了口氣：「性虐待的後果是深遠的，尤其當它發生在家庭內時，孩子不僅失去了對施虐者的信任，還失去了對雙親的保護。這種身心上的創傷是難以調節的。」

Dr. John點頭表示贊同：「是的，這些孩子通常經歷著交感神經系統過度興奮，無法有效處理強烈的情緒波動。他們缺乏調節這些情感的能力，因此很容易被強烈的情感，如憤怒或恐懼所壓垮。」

Dr. Bill補充：「解離（dissociation) 是一種常見的防禦機制，特別是當他們感到無法面對或處理這些情感時。這是一種生理和心理的自我保護，他們不是選擇面對或逃避，而是精神世界的抽離。」

Dr. Bill提起之前的Eve :「無論多少人認同她，就算她取得一些成功，但內心深處還是匱乏。」

Dr. Emma想了一會兒，說：「這讓人看到了邊緣性人格障礙患者面臨的殘酷現實。即使他們在外界取得了某些成就，內心的情感失調卻依然無法被治癒。如果不能及時干預，這些痛苦最終可能會吞噬他們。

「經歷這些事情的孩子往往被父母對人際關係的『有毒信念』所侵蝕。 倖存者證實，施加在他們身上的身體傷害並不一定是這段經歷的主要影響。 正如一位女性所說：我可以接受我被打和被強姦，但我無法克服被被他人當作淺慾工具的感覺，消耗了自我的意義和價值。

「這時候，如果你的父母不愛你，你的價值是什麼？ 」Dr. Emma又是一陣嘆息。

Dr. Emma補充說：「邊緣型人格的情感狀態，常常像是陷入一個無底的黑洞。父母缺乏心智化（mentalization），就是他們無法理解或回應孩子的內在感受，這讓孩子覺得自己好像並不存在。」

羞恥的黑洞

Dr. Mary點頭認同：「Fonagy提到的『羞恥的黑洞』，正是邊緣型人格患者無法逃脫的感覺。他們無法感知自己是被愛的，甚至無法信任自己過去的美好經驗。」

Dr. John補充道：「這種情緒調節的問題根源很早，可能是從嬰兒時期就開始了。缺乏與父母的穩定關係，讓他們無法學會如何調節情緒，特別是在壓力或羞恥感過大的時候，他們會感到崩潰。」

Dr. Bill說：「對他們來說，所有的壞事看似都會持續下去，永無止境。像 Daisy這樣的人，甚至連一絲美好的感覺都無法維持住。她告訴我，快樂的時刻就像沙子一樣，從指縫間流失，再也抓不住了。」

Dr. Emma輕輕歎了口氣：「是啊，這樣的人常常感覺自己沒有足夠的『自我』來處理這些強烈的情感衝擊。這讓他們更難從他人那裡得到支持或建議，因為他們內心太混亂，甚至無法接受別人的幫助。」

Dr. Mary接著說：「這讓我想到，『自我』其實是情緒管理的一部分，我們的個性和情緒穩定性往往是通過他人的反饋來塑造的。如果父母的反應總是負面或消極，這會讓孩子難以形成穩定的自我意識，進而影響他們一生的情感處理方式。」

Dr. John最後總結：「這就是為什麼情感支持和穩定的關係如此重要。如果一個人從小就缺乏這些，他們將來很可能會陷入情緒失控的循環，無法找到出口。」

Dr. Bill又說了一個案：

「Debbie四十多歲，生活中充滿了混亂和不確定。每次來看我，她都像進入了情緒風暴，語速飛快地抱怨自己的一切。

「我不該叫 Uber ，我根本負擔不起車費！」她氣惱地說，「我應該乘公車來才對。為什麼我總是這麼蠢？」接著，她開始懷疑是否應該給女兒買什麼生日裙子。「粉色好嗎？她爸爸不喜歡粉色，我不確定我是不是該買。」

她的話題無限延展，突然跳到前一晚：「我應該早點哄女兒上床的，而不是陪她看那部爛電影。」話音未落，她又陷入自我指責：「我是個糟糕的母親，早上竟然忘了給她洗澡。每天都要洗澡嗎？」

Dr. Mary輕嘆著說：「在 Debbie的世界裡，沒有一個穩定的核心，情緒像散落的拼圖，無法拼合成完整的畫面。她的言行衝動，情緒像流水一樣毫無組織，無法抓住一個明確的感受，讓自己做出清晰的選擇。對大多數人來說，感受是我們行動的指南，但對 Debbie而言，她的感受彷彿是陌生的外來物。」

Dr. Bill：「你形容得非常好！讓我繼續把故事說完。

「Debbie的自我指責，其實是一種無聲的求救——像個陷入恐懼的嬰兒，希望有人能夠幫她理清混亂的情感。這些深層次的情緒根源，追溯到她童年時期的創傷。母親酗酒，父親的犯罪行為，以及那個對她進行性侵的叔叔，這些都在她心裡留下了深深的傷痕。從小就生活在情感失控的環境中，她成長後依然難以擺脫這種無助與迷茫。」

Dr. John這時提出他的看法：「Debbie由於無法建立穩定的情感調節機制，所以對被拋棄有著極度的恐懼。這種邊緣型人格障礙的特徵，讓她對人際關係充滿依賴，一旦這些關係被威脅或她感覺到威脅，整個世界彷彿會瞬間崩塌。當這種恐懼出現時，她只能依靠自己粗糙的自我調節方式，常常是衝動的行為，來暫時遏制內心的痛苦。」

Dr. Bill回應：「你說得對，每當 Debbie感到憤怒時，她會猛地掛掉電話，或者高速開著丈夫的車子，試圖用速度來釋放焦慮。

這種情緒的極端波動，也讓她經常採取自毀性的行為。Debbie曾告訴我，在母親去世後，她無數次走到火車站邊，想著要跳到鐵軌上。這種衝動，源於她無法控制的情感，讓她不斷在生死邊緣徘徊。」

Dr. Emma補充說：「雖然大多數邊緣型人格的行為是對自己造成傷害，但這些行為往往也會影響到周圍的人。在某些情況下，這種無法消化的憤怒可能會轉向他人，通過犯罪行為來發泄內心的痛苦。

「下次聚會，我會探討這些邊緣行為如何以不同方式，反映出他們早期虐待的創傷，而這種憤怒有時會以暴力和攻擊他人的形式表現出來。」

第八章
誰的錯

轉眼又到下個月，這次 Dr. Emma在會議室準備了一個生日蛋糕和一些飲料，因為這天剛好是 Dr. John的生日。

「大家先替 Dr. John慶祝生日！」Dr. Mary開口說。

唱完生日歌後，大家輕鬆地吃蛋糕。

缺失了的同理心

Dr. Emma首先發言：「受到嚴厲對待的嬰兒可能無法培養對他人的同理心！」

Dr. Emma坐在討論桌旁，語氣平靜但充滿關切地說：「當我們在街上遇到一個搶劫犯時，很少想到他曾經是個嬰兒。事實是，那些我們今天害怕的暴力行為，可能正源於他們嬰兒時期無法表達的恐懼和憤怒。這些情緒不斷累積，最終將他們推向了反社會行為的邊緣。」

Dr. John接過話題，補充道：「這種情況下，施害者的恐懼和憤怒轉嫁到了受害者身上。每當我們以懲罰和監禁來應對他們時，我們也不自覺地在加深他們的痛苦，強化他們的以暴易暴。事實上，他們可能從未學會如何處理情緒，甚至不懂得與他人產生連結。這是我們作為醫生需要反思的問題。」

Dr. Mary皺起眉頭說：「我們稱他們為小偷、暴徒、搶劫犯，這些詞語讓我們與他們之間的距離越來越遠。這些年輕人為什麼會對人性的同理心如此缺乏？」

Dr. Bill接著說：「**Peter Fonagy提出過一個有趣的觀點，他認為這些孩子在早期生活中沒有建立起穩定的依附關係，所以他們無法認同他人的感受。他們的情感一直被忽視，結果就是，他們覺得別人的感受也不重要。**」

「沒錯，」Dr. Emma回應：「**如果一個孩子從小就感受到自己不被重視，他長大後自然無法重視別人。他們不是天生的暴力分子，而是情感上未被照顧的孩子。**」

Dr. Bill點了點頭，補充道：「所以越早干預越好。如果這些孩子能夠在早期得到足夠的情感支持，也許他們會有不一樣的未來。」

Dr. Bill曾經在英國受訓和工作了一段時間：「我在倫敦北部與青少年罪犯工作的時候，令我印象深刻的是，這些看似冷酷的男孩，其實脆弱得讓人心疼。其中一個高高瘦瘦的年輕黑人男孩 Teddy，平時總是擺出一副無所謂的姿態，實際上內心充滿迷茫和恐懼。在千禧年代，我經常在法律中心見到他，他已經積累了一些犯罪記錄，尤其是搶劫。記得有一次，他和朋友 Marcus在公共巴士上，竟然拿刀威脅一位老婦人，對此他毫不在意，認為不過是『玩笑』罷了。

「當他被捕時，Teddy還試圖用叛逆的態度要求查看警察的證件，結果反而遭到粗暴對待。他告訴我，警察抓住他的睪丸，並打了他一巴掌，弄得他鼻血直流。他最終被指控拒捕，而在庭審那天，他滿心不情願地去法院，內心更關心的是他的新工作。

「我永遠忘不了他在法庭被判送入少年感化院的那一刻。他站在那裡，整個人看起來困惑、受傷，像是從未預料到這樣的結果。當他被帶到牢房時，他哭了，眼淚止不住地流下來，彷彿終於意識到自己陷入了無法掌控的深淵。就在他的小刀、打火機被沒收時，監獄警察嘲諷地說：『我們可不想被刺傷，你明白的。』

「這時我才真正意識到，眼前這個看似兇悍的男孩，其實只是個幾乎從未擁有過童年的孩子。

Dr. John追問：「Teddy究竟了有什麼問題？ 是他的基因、他的成長環境，還是他自己糟糕的道德選擇？」

先天還是後天：停不了的爭議

Dr. Emma首先提出了 Steven Pinker的觀點：「Pinker 在 The Blank Slate《白板》裡提到，像Teddy這樣的罪犯可能在基因上與普通人有所不同，甚至暴力傾向可能是遺傳的。他提到，男性尤其是那些衝動、智力較低、注意力不集中的人，天生更容易有暴力傾向。」

Dr. Bill回答：「香港那個弒父弒母的周凱亮，考到鋼琴八級，曾前往澳洲升學。然而，因工作不如意，加上嫌棄自己身材矮小，難以交到女朋友，他心中滿是怨恨。周凱亮將一切不滿都歸咎於父母，指責他們從小逼他練琴，雖然考到鋼琴八級，但也剝奪了他的運動時間。他終於心生極端念頭，竟將怨恨化為行動，殺害父母，並將屍體支解。周凱亮聰明過人，但卻毫無同理心，展現出典型的反社會人格特徵。他的哥哥則發展正常，對父母和弟弟都關懷備至，形成了鮮明的對比。」

Dr. John點了點頭：「不過不可一概而論。我們不應該忽略環境因素吧？我們知道周凱亮出身自中產家庭，但我們不知道他早期跟父母的互動關係。Linda Mealey的雙胞胎研究確實顯示了犯罪行為的遺傳性，但僅僅把一切歸咎於基因，恐怕有點過於簡單。兒童時期的攻擊行為和成年後的犯罪行為有關，但這不代表基因就是唯一的決定因素。」

Dr. Mary接話說：**「對，我也同意。最近的研究表明，反社會行為的遺傳性其實被高估了。Hyun Rhee和 Waldman的研究指出，暴力犯罪其實和早期生活經歷的關聯更大，比如出生併發症或者母親在生命初期的拒絕和摒棄。瑞典的研究顯示，酒精影響下的暴力犯罪也佔了相**

當大的比例，這些都不是單純由基因決定的。」

Dr. Bill補充：「是啊，基因不會編碼出像藍眼睛或棕色頭髮那樣的『犯罪行為』。即便有某些遺傳因素使個體對壓力更敏感，但行為是基因和環境相互作用的結果。就像我們哭泣或害怕，是天生的反應，但我們害怕什麼、如何表達感情，都是來自後天的學習。」

Dr. Emma說：「這麼看來，Pinker的觀點是太偏向於基因影響，但實際上，環境在行為塑造中扮演了更大的角色。我們不能僅僅依賴基因來解釋這些複雜的社會行為。」

Dr. John搖了搖頭，說：「基因確實不像我們之前想像的那樣固定，它們能夠根據環境的變化來調整自己。就像 Michael Rutter提到的那樣，所謂的『冒險基因』可以在不同情境下產生完全不同的結果，可以是犯罪行為，也可以是劃時代的創造力。」

Dr. Mary接過話題，「那 Cadoret的研究該怎麼解釋呢？他的研究顯示，反社會或犯罪行為似乎在某種程度上從父母傳給了孩子，甚至在被收養的孩子身上也看到了這種現象。」

Dr. Bill思索了一下說：「這就有趣了，Cadoret的研究確實基於被收養的孩子，這通常被認為是檢驗基因與環境影響的最佳方式。然而，大多數研究似乎忽略了懷孕和生命早期經歷的重要性，特別是那些孩子被收養之前的生活環境。也許他們已經在生命初期發展了過度敏感的壓力反應，事實上，嬰兒到了六個月，已經『設置』好壓力反應，到他

們大一點時，或者已經學會了某些行為模式，這些都是早期創傷的結果。」

Dr. Emma點了點頭，「Cadoret自己也提到了這一點，他承認嬰兒期的經歷對後續行為有深遠的影響，並指出研究應該從生命最初幾周開始。特別是那些被晚些時候才被收養的孩子，更容易在青少年時期出現行為問題。」

寶寶與媽媽夾得來嗎？

「但他也強調了，這些被收養的孩子表現出的行為問題可能與他們的氣質有關，而不是簡單的『反社會基因』。換句話說，他們可能天生更敏感，更容易受到壓力的影響，」Dr. John補充說，「這也解釋了為什麼當這些孩子被安置在一個健康的環境中時，他們的行為與其他孩子並無太大差異。」

Dr. Mary微笑道：「這說明了，基因和環境之間的互動比我們想像的要複雜得多。我們不能單純把責任推給『壞基因』，也不能忽視環境的影響。」

Dr. Bill點頭同意，「沒錯。這也讓我們意識到，早期干預對於那些存在高風險的孩子是多麼重要。只要他們有一個健康的養育環境，很多行為問題是可以避免的。」

Dr. Emma接著說：「沒錯，我們目前還不知道影響社交行為的具體氣質因素是什麼，但可以肯定的是，嬰兒一出生就展現出不同的氣質特徵。這意味著他們對外部刺激的反應有所不同，有些嬰兒天生更開放、更渴望接觸世界，而另一些則更謹慎和退縮。」

Dr. John點頭表示贊同：「是的，我們都見過那些反應強烈、容易激動的孩子，他們比其他孩子更難自我調節。而那些身體強壯、活躍的嬰兒，通常能更好地應對刺激環境。這些天生的特質確實會影響他們後來的社交行為。」

「問題是，這些天生的氣質如何與環境相互作用？」Dr. Mary補充說，「例如，那些對外部刺激反應更敏感的孩子，如果他們成長在一個支持性的環境中，學會了如何應對壓力，可能會逐漸發展出更強的自我調節能力。但如果他們的環境充滿壓力或混亂，這些敏感的孩子就更容易在成長過程中出現行為問題。」

Dr. Bill接著說：「這也讓我們更加明白，為什麼早期干預對那些脆弱的孩子至關重要。如果他們能夠在關愛和支持的環境中成長，他們的氣質或許就不會成為未來行為問題的根源。」

「所以，從一開始就理解孩子的氣質，並根據他們的特點提供相應的支持，對於他們的發展至關重要，」Dr. Emma總結道，「這強調了個性化養育的重要性。」

「今 Dr. John生日，我們早一點完，他一定要跟家人慶祝！」Dr. Emma說。

受到負面影響的嬰兒，安全的依附是解藥

這天大家趁復活節假期，安排了一次研習會，因為在不久的國際會議上，Dr. Emma作為香港代表，要講解父母的教養如何影響嬰幼兒的成長。

Dr. Emma開始說：「我們經常認為嬰兒的氣質是與生俱來的，遺傳自父母，但實際上，胎內環境的影響也很大。如果母親在懷孕期間經歷了高壓或營養不良，這些因素可能會影響嬰兒未來的情緒反應。」

Dr. John接過話題：「是的，像孕期吸煙、飲酒這些行為，後來也被證實與孩子的反社會行為有關。這讓我們看到，基因固然重要，但環境影響可能更為關鍵，尤其是在生命的最初幾年。」

「這也是為什麼早期的情感照顧如此重要。」Dr. Mary補充道，「即

便是那些可能在胎內環境中受到負面影響的嬰兒，如果有一個敏感和關愛的父母，仍然有可能發展出良好的情感調節能力。」

Dr. Bill點頭同意：「沒錯。一些研究表明，這些孩子如果在後天環境中能夠得到適當的支持，他們的反社會行為傾向可能會減少。所以，我們不能只看基因或早期的負面影響，後天的關愛與教育也非常重要。」

Dr. Emma總結說：「是啊，基因與環境密不可分。即使一些孩子天生氣質敏感，如果他們有一個能幫助他們應對情緒的支持性家庭，他們完全可以避免走上犯罪的道路。」

. . .

Dr. John近去了上海旅行：「我買了一些上海帶來的點心，大家先歇歇吧！」

小休一會，Dr. Emma開始說：**「其實，無論一個孩子天生的性格如何，良好的育兒都可以彌補很多不足。Vanden. bohm的研究表明，即使是那些天生容易焦慮的孩子，只要父母能提供情感上的安全感和支持，這些孩子仍然能夠發展出良好的自我調節能力。因為安全的關係會產生雅片類分泌，讓人感覺良好，又促進寶寶腦內側前額葉皮質的生長。這樣的孩子，很少會變成反社會的個體。」**

Dr. John點頭同意：「不過，當早期的親子關係充滿敵意或懲罰性，特別是那些形成迴避型依戀的孩子，未來很可能會表現出攻擊性，尤其是男孩。這可能是因為他們學會了避免依賴他人，甚至拒絕表達自己的情感需求。」

Dr. Mary補充：「對於女孩來說，這種攻擊性並不總是表現在暴力行為上。Rhee和 Walkman的研究指出，女孩可能更擅長於『關係攻擊』，比如損害他人的聲譽或將他人排除在群體之外。這是一種更隱蔽的攻擊性。」

Dr. Bill接著說：「這種迴避型依戀通常在父母之間充滿爭吵，或者父母對孩子表現出明顯的敵意時形成。孩子在這種環境下學會了自我防御禦，甚至試圖麻木自己的感情，因為他們感到自己無法依賴他人來獲得情感上的支持。」

Dr. Mary道：「這些防御禦機制並不是基因決定的，而是由孩子所經歷的養育方式塑造的。即使假設存在一個『社交基因』，它也不會在一個充滿愛與關懷的家庭中表現出來。孩子的社會行為更像是一種學習的結果，特別是在早期，當他們開始接受父母的引導和紀律時。想像一下，一個霸凌的父母可能會養出一個充滿敵意的孩子，這比起去理解嬰兒時期的負面關係影響要來得容易理解，但事實上，兩者是密不可分的。」

．．．

又是午飯的時間，大家一起到「老地方」，吃了一個簡便的午餐。

Dr. Emma首先發言：「當嬰兒期沒有建立積極的情感聯繫時，幼兒期的社會化將變得更加困難。孩子沒有學到幽默和理解，父母也無法要求他們抑制衝動行為。相反，孩子可能已經對任何形式的關懷失去了信任，預期自己會受到懲罰，因此他們對抗父母的時候幾乎沒什麼可失去的。」

Dr. John點頭說道：「這樣的孩子會變得防備，父母只能用更多的恐懼和威脅來達到他們的目的。這種方式在心理上影響深遠，但不僅僅如此，這些經歷在生理層面上也改變了孩子的大腦發育。特別是連接前額葉皮層與下皮層的神經迴路，這正是控制衝動和攻擊性的重要部分。」

Dr. Mary補充：「沒錯，安全的依戀關係會讓大腦釋放雅片類物質，促進內側前額葉皮層的發育。而那些被忽視或拒絕的孩子，則缺乏這樣的化學反應。他們的大腦右側發育不如其他孩子，從而導致他們經常誤解他人的行為，將無害的舉動看成敵意或攻擊。」

Dr. Bill接著說：「這與一些研究結果相符，比如 Dodge和 Somberg的研究發現，有些孩子在學校中總是錯誤地解讀他人的行為為敵對行為，即便實際上並非如此。這些孩子的神經化學和大腦結構對外部環境作出了消極的適應反應，讓他們在社交中總是處於防禦狀態。」

Dr. Emma笑著說：「當然，不能忽視內部因素的影響。有時候，像月經前的激素波動，也會讓女性感到情緒不穩定，這完全與外部事件無關。還有像低血糖引發的易怒，這些都是化學反應的短期影響，是會消退的。」

Dr. Mary點頭附和：「是的，但這些短期波動與那些長期經歷忽視或虐待的孩子不同，前者不會改變大腦結構，也不會影響他們對人際關係的長期期望。好比急性短期的壓力，不只對孩子沒有傷害，甚至建立心理韌力。而長時間的壓力對孩子就有很深遠的負面影響。」

Dr. Emma搖頭說道：「大腦的反應真是複雜。當孩子在一個充滿暴力和忽視的環境中成長時，這些經驗直接影響他們的大腦發育和行為表現。像 Teddy 這樣的孩子，在一個無法提供情感支持的家庭成長，暴力成為他們唯一的應對方式。」

Dr. John點頭表示同意：「確實如此。這種行為的根源往往來自於早期經歷的創傷，而不是什麼基因決定的攻擊性。

「我在倫敦工作和受訓期間，還遇到 Robert 和 Greg 這兩個孩子。

「Robert 從小就在一個充滿暴力的環境中成長，他和他的兄弟對待彼此幾乎毫無克制。這樣的環境培養出了一種防禦性和仇恨，而這些情緒最終在無辜的受害者身上爆發。」

Dr. Mary補充道：「Pinker 的理論強調暴力是一種人類的本能反應，但這不解釋為什麼像 Robert 這樣的孩子會選擇一個無力反抗的兩歲孩童作為目標。這不是為了獲取任何利益，這更像是一種情緒的發泄，是仇恨和失控情緒的爆發。」

Dr. Bill插話說：「這也體現了家庭環境的重要性。」

Dr. John繼續說：「Robert的母親在他成長過程中幾乎是缺位的，她自己也深受童年虐待的影響，無法為孩子提供穩定的支持和關愛。這樣的惡性循環讓孩子在缺乏情感調節的情況下學會了用暴力來應對挫折。」

Dr. Emma道：「說來，這樣的暴力行為並不是天生的，而是經年累月在充滿忽視和暴力的環境中積累出來的。當孩子無法獲得足夠的情感支持時，他們就會用最原始的方式來應對世界，無論是對他人還是對自己。」

Dr. John繼續說：「另一個孩子叫 Greg 。

「Greg的家庭雖沒有 Robert的混亂，但也充滿了不穩定和壓力。Greg的父母離婚後，父親偶爾來看望他們，母親忙於打扮和尋找新男友。Greg的媽媽曾試圖自殺，並患有抑鬱症，經常把孩子單獨留在家裡。Greg 母親認為自己是好母親，因為她在物質上滿足了孩子的需求，但情感上的缺失讓 Greg感到害怕。Greg的行為異常，曾在家自殘，並在學校試圖勒死同學。

「Greg和 Robert經常逃學、偷竊，甚至對動物施暴，鄰居報告說他們曾用氣槍射鴿子，偷慈善募捐箱，並把兔子綁在鐵路上。這些早期的殘酷行為在許多成年犯罪者的童年中都出現過。這兩個孩子從未學會如何管理自己的攻擊性。他們沒有得到足夠的關愛，甚至可能經歷過身體虐待。對於那些天生就敏感的孩子來說，在這樣的家庭環境中，情緒調節幾乎是不可能的。」

Dr. Bill說：「香港 1986 年也有一樁令人髮指的寶馬山雙屍案，死者是一雙外籍情侶，死前受到殘忍虐待，少女死前更被輪姦。一群少年因謀殺罪被判死刑，1992年獲港督特赦改為終身監禁。當時被告尹三龍因為案發時未滿 18歲，需待成年後英皇決定刑期。1997年主權移交前夕，他與同案犯的刑期仍未確定，家屬曾到禮賓府示威。1998年，時任香港行政長官董建華將尹三龍的刑期定為 27年，另一少年犯張有恆則定為 35年。張有恆提出上訴，但被駁回。2004年，35歲的尹三龍獲釋並重返社會，於翁靜晶小姐的律師事務所工作；張有恆於 2017年出獄，回歸社會。

「據翁小姐說，當時這些少年犯都屬青少年，判斷力欠佳，很容易受同儕影響。至於他們少年的成長環境是否也是充滿暴力，就不可而知了！」

把同情心傳遞下去

Dr. Emma坐在桌旁，翻閱著《白板》The Blank Slate一書，開始了討論：「Pinker 認為我們對他人的『同情圈』是有限的，這在某種程度上確實有道理。他說，許多罪行都是通過將受害者非人化來實現的，就像大屠殺一樣，戰爭和衝突中也常常出現這樣的情況。Robert 和 Greg 那天顯然沒有認識到 James Bulgar 的生命價值。」

「James Bulgar 是誰？」Dr. Mary問。

「那是一樁發生於 1993年英國利物浦的兇殺案，兩名當時年僅 10歲的男童誘拐一名 2歲男童 James Bulger，將其虐待致死。此案兇手是英國現代歷史上年齡最小的殺人犯，犯罪手法非常殘酷，案件性質非常惡劣，一度引起社會強烈譴責，官方迫於社會壓力，公佈兇手真實姓名及加長刑期。」Dr. Emma回答。

Dr. Mary點了點頭：「是啊，Pinker說這是一種進化上的『默認設置』（default mode），把陌生人排除在外，以保護自己。但我認為這解釋不了一切。我們作為社會化的人類，文化應該讓我們能夠超越這種本能。」

「正是如此，」Dr. John接話道，「人類文化的特殊之處就在於，我們有能力去擴展同情心。暴力無論是模仿學來的，還是本能反應，最終的問題是同情心能否傳承。父母教會孩子如何處理情緒和衝突，這才是預防暴力的關鍵。」

Dr. Bill沉思片刻，然後說：「不過，Pinker更傾向於強調個人的遺傳和意志力，他認為應該通過懲罰來維持秩序，而不是育兒教育。但我們都知道，很多暴力家庭的父母自己都不具備同理心和情感調節的能力，根本無法教導孩子。」

Dr. Emma合上書，總結道：「所以，關鍵還是文化和家庭教育。如果我們不能幫助這些父母學會同情心，他們的孩子自然也無法學會，這樣暴力的循環就很難打破。」

Dr. Emma繼續說：「有趣的是，一些研究表明，孩子控制衝動的技能可以通過學習來獲得。像自我分散注意力、尋求安慰和尋找解決問題的方法。這三種策略，就是關鍵的控制工具。」

她停頓了一下，翻著手邊的資料，「研究顯示，擅長使用這些策略的三歲小孩，表現出最少的攻擊性和外化行為。」

「這麼小的孩子也可以學會這些？」Dr. Bill有些驚訝地問。

「是啊，」Dr. Mary接過話頭，「他們能夠主動轉移注意力，離開讓他們生氣或挫折的情境，專注於其他事物。這種能力能幫助他們不那麼容易陷入攻擊性的反應。而且，他們會詢問大人什麼時候可以解決問題，這能讓他們感到被理解，進而平息憤怒。」

Dr. John點點頭，補充說：「尋求安慰也是一種有效策略，不過只有在孩子感到非常痛苦時才會用到。相比之下，那些只懂得用一種策略的孩子，攻擊性更強。換句話說，這些控制衝動的技巧其實是可以學習的，而不是基因決定的。」

「對啊，」Dr. Emma笑著說，**「控制衝動也是學習和示範的結果，而不是遺傳。父母如果能夠以身作則，教會孩子這些方法，他們就能更好地處理負面情緒，遠離攻擊性行為。」**

「好了，今天就在這兒結束，我提議五月初再聚在一起，因為五月底我就要到星加坡出席國際會議了。」Dr. Emma說。

「好的。」其他人說。

控制情緒：前額葉皮層的發育

「大家早晨，今早我為你們準備好咖啡和蛋撻！多謝大家的參與。」Dr. Emma說。

Dr. Emma輕輕敲了敲桌子說：「其實，很多孩子學到的情緒控制技巧，依賴於大腦的發展，特別是前額葉皮層。這個區域在自我抑制和控制衝動方面發揮著至關重要的作用。」

「前額葉皮層？這不是負責高級思維的部分嗎？」Dr. Bill問道。

「沒錯，」Dr. John點頭，「但它的發育很大程度上依賴於早期的人際關係，特別是那些能夠釋放大量內啡肽的親密互動，這種親子之間的情感連結有助於大腦的健康發展。」

「這也解釋了為什麼那些缺乏這種關係係的孩子，往往在自我控制方面表現不佳，」Dr. Mary插話道，「我們知道，抑鬱症患者往往有前額葉皮層發育不良的問題。」

Dr. Emma接著補充：「對，這樣的孩子在面對情緒時，要麼選擇內化，把情感壓在心裡，努力取悅他人；要麼選擇外化，通過影響或攻擊他人來表達自己的需求，卻很少關注他人的感受。」

「這聽起來像是兩種極端的反應，」Dr. Bill說，「女性更多選擇內化，變得抑鬱，而男性則更傾向於外化，變得攻擊性。」

「是的，但這並不是命中註定的。」Dr. John說，**「關鍵還是早期的關係和經驗。如果我們能夠在孩子成長過程中提供更多情感支持，幫助他們發展前額葉皮層，他們就能更好地調節情緒，避免這些極端反應。」**

Dr. Emma聽到這裡，點了點頭說：「這讓我想起 Adrian Raine的研究。他研究了 41名謀殺犯的大腦，發現這些人前額葉皮層的功能嚴重受損。」

「前額葉皮層是負責自我控制和同理心的部分吧？」Dr. John問道。

「對的，正是。」Dr. Emma繼續說，**「與那些年齡和性別相似的對照組相比，這些謀殺犯的大腦發育不良，尤其是在負責社交反應和自我抑制的區域。他們並不是冷靜計劃犯罪的人，而是因為無法控制情緒和衝動，才做出這些可怕的行為。」**

「這有點像他們的大腦少了『剎車』，」Dr. Mary補充道，「當感到憤怒或焦慮時，他們的反應就直接衝了出來，完全沒有經過抑制。」

「這樣的話，」Dr. Bill皺著眉頭說，「我們是不是該重新思考如何看待這些罪犯？他們看起來像是因為生理上的限制而成為了『衝動型殺手』，而不是純粹的冷血壞人。」

Dr. Emma笑了笑，「是的，這就像是他們在情感和行為上處於『看不見的殘疾』狀態。他們的大腦無法像正常人那樣調節行為和情緒，導致他們用最原始的方式去解決問題。」

「如果我們能更早介入，提供那些促進前額葉皮層發育的社交和情感支持，可能會減少很多這樣的悲劇。」Dr. John總結。

強制性養育：犧牲了共情

Dr. Emma沉思了一會，然後說道：「我們知道，四歲的孩子已經能被區分是否缺乏道德感和良知，與及是否能夠延遲滿足需求。能延遲滿足的孩子，通常前額葉皮層發育較好，這使他們在社交上更成功，也更能應對壓力。」

Dr. Mary點頭補充道：「是的，那些與父母之間存在強迫性關係的孩子，往往缺乏共情。他們根本無法感受別人的情感，因為沒有人教過他們如何這樣做。他們更專注於對家庭的怨恨，而無法克制自己的衝動。」

Dr. John皺著眉頭說：「這樣的孩子，如那兩位十歲孩子，當他們傷害小 James Bulgar 時，他們根本沒有意識到給他帶來的痛苦。他們和其他人的感情完全隔離，只是被內心的復仇需求驅使。」

Dr. Bill思索片刻後說：「這也是因為他們的父母沒有教過他們處理情緒的正確方法。這些父母自己也可能有強烈的情感反應，但卻缺乏有效的情感調節工具。當孩子的情緒爆發時，這些父母往往感到被壓倒，然後採取了錯誤的應對方式，比如忽視或發怒。」

Dr. Emma接過話說：「更糟糕的是，這些行為問題其實可以在嬰兒期就預測到，但並不僅僅是因為孩子的氣質，而是父母的反應方式。如果母親無法與嬰兒建立順應性的互動，可能會無意中助長未來的攻擊性行為。」

Dr. Mary歎了口氣，「尤其是在那些高風險家庭裡，如果母親本身就缺乏支持，這種情況更容易發生。青少年母親、抑鬱母親或有成癮問題的單親父母，往往因為自己的困境而忽視了孩子的需求，甚至對他們表現出敵意。」

Dr. Bill總結道：「這些孩子從一開始就面臨著難以解決的困境，他們依賴一個既不聽他們的聲音，也無法給予他們情感支持的照顧者。」

. . .

Dr. John皺著眉頭說：「這樣的孩子，如 Robert 和 Greg那樣，甚至跟尹三龍他們，當他們傷害時小孩子和年輕情侶時，他們根本沒有意識到給他帶來的痛苦。他們和其他人的感情完全隔離，只是被內心的復仇需求驅使。」

Dr. Bill思索片刻後說：「這也是因為他們的父母沒有教過他們處理情緒的正確方法。這些父母自己也可能有強烈的情感反應，但卻缺乏有效的情感調節工具。當孩子的情緒爆發時，這些父母往往感到被壓倒，然後採取了錯誤的應對方式，比如忽視或發怒。

「所以如果不及時干預，這些問題會在幼兒期愈演愈烈。母親和孩子之間的關係會變得對立，甚至彼此攻擊。母親在照顧孩子時因壓力不斷積累，往往會情緒失控，把自己的情感困境轉嫁到孩子身上。她不僅無法欣賞孩子的優點，還常常責怪他。」

Dr. John點頭認同：「**這種情況下，孩子要麼學會疏遠母親，抑制自己的情感，要麼陷入極大的困惑，不知道是該躲避還是依賴母親。他們內心的痛苦會不斷增加。這些孩子的壓力荷爾蒙——皮質醇水平通常偏高，長期處於緊張狀態。兩歲的時候，這種情感疏離就已經開始穩定下來，甚至預示了未來更多的行為問題。到了11歲，這種行為在男孩中尤其**

明顯，變得更加外顯。他們開始表現出焦躁、不安，難以專注。這些行為問題不僅困擾家庭，也影響學校的生活。問題很嚴重，統計顯示大約有 6%的學齡兒童被診斷出行為障礙。」

Dr. Emma輕歎一聲：「而且這些孩子長大後，問題也不會消失。如果早期的親子關係沒有得到改善，後果可能會伴隨他們一生。有些孩子在苛刻、批評性的家庭中長大，經歷著強制和身體懲罰，這不僅僅會影響他們的心理健康，甚至還可能增加心臟病的風險。」

Dr. John插話：「是啊，兩位心臟病專家 Meyer Friedman和 Ray Rosenman提出 A 型和 B 型人格概念，描述了兩種截然不同的人格類型。他們在這個假設中，把更具競爭性、高度組織性、雄心勃勃、不耐煩、高度重視時間管理或具有攻擊性的性格被標記為 A 型，而更放鬆、接受性強、較少神經質和比較沒有那麼進取的性格則被標記為 B型。

他們相信 A 型人格患冠心病的機會更大。進一步研究顯示，這領域的早期研究具有爭議性，儘管如此，這對健康心理學領域的發展產生了重大影響，心理學家研究個人的心理狀態如何影響身體健康。

就是這樣的一個例子。當年兩人提出這個概念時，他們就發現，這類人往往對他人懷有敵意，總是預期會被人虐待。這種偏執、懷疑和不耐煩的性格，讓他們的壓力反應過於活躍，交感神經系統一直處於高度緊張狀態。他們體內的去甲腎上腺素水平很高，這不僅提高了血壓，增加了心臟的負擔，還可能損害動脈內膜，導致膽固醇積累，引發動脈堵塞。這就是為什麼那些總是處於高度興奮狀態、咬緊牙關隨時準備應對的人，心臟病風險特別高。」

Dr. Bill回應：「不僅如此，高水平的去甲腎上腺素還會抑制免疫系統的某些部分，這可能是為什麼 A型性格的人容易得潰瘍、偏頭痛，甚至是癌症的原因。而且，這種過度反應的模式在那些有暴力傾向的孩子中也很常見。這些孩子通常在學校表現出更高的攻擊性。因為他們已經習慣了期待暴力，變得對外界特別敏感。他們無法有效處理與他人的衝突，往往會將自己的痛苦歸咎於他人，那怕事實並非如此。」

Dr. Mary補充：「沒錯，他們的情感需求從未得到滿足，自己仍在期待有人來照顧他們。這讓他們很難進入父母的角色，去承擔照顧孩子的責任。而且，他們通常缺少支援系統，無論是家人還是朋友，這也讓他們的處境更加艱難。」

Dr. John點頭道：「我印象最深的是 Whitney Houston和 Michael Jackson。

「Whitney以強而有力的嗓音、一字多轉音、寬廣的女中音音域瘋魔全球，不愧為國際樂壇天后。

「Whitney Houston那首『The greatest love of all』，展現了真正的繞梁三日！可惜歌者的歌聲滋潤了人們，自己卻偏偏最不愛自己、甚至糟蹋自己！

「Whitney後期的歌唱生涯，簡直是慘不忍睹，她在澳洲的演唱會失場、令觀眾大為鼓噪。之後 Whitney面容憔悴地開腔，歌聲卻像劏豬一樣，充滿掙扎和痛苦！她扯高被毒品破壞了的嗓子，卻唱不出以前那厚實宏亮的歌聲。

「這是 Whitney嗎？大家都看呆了！

「不只期待已久的觀眾失望，相信 Whitney對自己也極之失望。

「Whitney 婚後，一直在家庭暴力、酗酒、濫藥中度過，最後更在2012年因為服用過量藥物，溺斃在浴缸中，年僅 48歲。

「Whitney是抵受不了成名的壓力，失去了自我，而自取滅亡嗎？

. . .

Whitney成長在「看似幸福」的家庭，自小媽媽就看出她有天分，而開始親自細心調教。歌手生涯開始時，Whitney的形象是十分正面健康。然而背後卻掩藏著不為人知的痛苦：父母一早離異，卻假裝相安無事，一家人出席各種活動。童年時父母長年不在家，兄妹經常需要寄居在別人家中，Whitney在 8、9歲時，更被表姐 Dee Dee Warwick性侵犯，留下不可磨滅的陰影。

Whitney曾說跟爸爸最親，然而實際上爸爸和親人只當她是提款機，甚至偷她的錢。Whitney最後與爸爸為錢對簿公堂，父女關係最終決裂。

Whitney的婚姻更是互相毀滅的關係。Whitney慘遭家暴、丈夫出軌等傷害。在這些成長傷痕、心碎的家庭和婚姻關係、成名的壓力背後，令表面美麗開朗的樂壇天后，不惜助酒精毒品來得到安慰，Whitney漸漸被毒品吞噬。

人們在她的歌曲中感受到愛及勇氣，同時又覺得她背負著不能磨滅的痛！ Whitney 就是活在這樣的弔詭中。」

大家不禁沉默了。

Dr. Mary接著說：「Michael Jackson 也是一樣，過著悲慘的童年！

「不，Michael根本沒有童年。他在父母 9個孩子中排行第 7。父母都喜歡音樂，而 Micheal 5歲時已經顯露歌舞方面的天賦。父親認定了要發掘 Micheal的商業價值。

「父親組織 4人樂隊，Michael擔任主唱。Michael的童年在他 5歲時已經結束。他每天在錄音室度過，不停登台表演。父親不僅嚴苛，還嘲笑他的鼻子太大。

「童年經歷讓 Michael敏感脆弱的心靈，感到不安自卑。Michael一生都在追尋愛和安全感。

「我沒有一個正常的童年，沒有聖誕節，沒有生日，也沒有童年應有的快樂。取而代之的是辛勤的工作，奮鬥和痛苦。這最終換取了物質和事業上的成功，但我付出了沉重的代價，我不可能重塑這段人生。」Michael曾經說。

「Michael長期焦慮失眠，他需要服食越來越多鎮靜劑，還要靜脈注射。最後他終於一睡不起。」

. . .

「Whitney和 Micheal缺乏了健康的童年，一生都處於『生存模式』，他們在歌曲中找到了自己的平衡點——那是他童年裡唯一感到『正常』的地方。這讓他能夠找到內心的自由，並開啟了他們表演的道路。兩人都在困境中找到了表達自己的方式，他們的經歷告訴我們，無論你處於多麼混亂的背景，如果能找到一個出口，一個讓你感覺有價值的東西，就能把那些痛苦轉化為某種力量。」Dr. Bill說。

Dr. Emma微笑道：「而且，他們都用自己的方式幫助了他人。不過他們最後都被人當作提款機，被各方面的壓力打跨了，英年早逝。不過也不要那麼悲觀，就像翁靜晶小姐，一直在事業和社會不公義上出錢出力。事實上，找到適當的出口不僅能治癒自己，還能幫助更多的人。」

Dr. Emma接著說：「Robert和 Greg那些被虐待和忽視的記憶時時折磨著他們，他們無法記住自己讀過的書，這與壓力對海馬體的影響密切相關。這不僅僅是情感上的傷害，還影響了他的認知能力。他們對親密感到恐懼，甚至失去了與人建立正常關係的能力。

「好了，讓我作一個小總結，早期的經歷對一個人性格的形成有多麼深遠的影響。無論是 Teddy，尹三龍，還是那些犯下重罪的孩子，他們都因為過去的傷害，變成了我們今天看到的樣子。我們應該更加關注兒童的早期經歷，因為這會塑造他們的一生。」

這天 Dr. Mary和 Dr. Emma又要回到課堂上授課：

Dr. Mary和 Dr. Emma站在講台前，面對一群專注的醫學生，開始了他們當天的課程。

Dr. Mary：「我們已經知道，從兒童時期開始的攻擊性和社交行為問題，對整個社會的影響是巨大的。這些行為與成年犯罪、藥物濫用和家庭暴力密切相關，並且極其持續。這不僅僅是個體的問題，它對社會的代價非常高。

「然而，社會對此的反應是如何的？更多時候，我們看到的不是解決根本問題，而是將重心放在應對當前的問題行為上。犯罪成為了政治議程上的重點，我們的政策和策略更多是針對如何管理這些行為，而不是理解它們的根源。比如，一些人主張採取強硬手段，訓練這些孩子，讓他們為自己的行為負責。甚至有人覺得這些男孩該被『教訓』，而不是我們所說的『心理輔導』。

「這種觀點反映了一個更深層次的問題——這些孩子在早期生活中缺乏同理心的對待。他們的感受從未被父母理解過，需求也被忽視。當他們在家庭中表現出憤怒時，迎接他們的往往是語言暴力或肢體懲罰。這些孩子從來沒有人教會他們如何去表達、調節和管理情緒，於是，壓抑的情緒最終變成無法控制的憤怒。」

Dr. Emma點了點頭：「這種無處發洩的憤怒，就像一個隱藏的火山，等到有機會，它便會爆發出來。孩子沒有學會如何在健康的情況下處理憤怒，結果他們的情緒被錯誤地引向同齡人或弱勢群體。這就是為什麼，作為未來的醫生，你們必須理解這些行為背後的原因，學會看透表面的問題，去了解這些孩子們最初的創傷與缺失。

「當一個孩子仍然依賴於父母時，他很難完全反抗。畢竟，失去父母可能會危及他的生存。心理依賴同樣重要，依賴的孩子無法完全將自己定義為一個獨立的人。」

這時一名學生舉手提問：「這樣的孩子如何獲得自我意識呢？」

Dr. Mary回答：「大多數人從周圍人的反應和話語中獲得自我意識，而依賴型的孩子則特別依賴生活中重要的成年人對他的看法。當父母對他們表現出微妙的拒絕時，也會產生深遠的影響。有一位患者，母親告訴他雖然愛他，但不喜歡他。這種話對他的自我價值感產生了長期影響，導致他在成年後經常感到抑鬱。」

另一位學生追問：「如果父母對孩子表現出明顯的敵意呢？」

Dr. Emma接過話題，補充說：「正如我們之前看到的各種案例，父母對孩子的毆打和敵對行為會傳遞出孩子是毫無價值的訊息。這樣的孩子長大後很可能會覺得自己是壞的，無法擺脫這種內心的傷害。但有趣的是，根據 M. K. Rothbart的研究，那些因教養不當而變得具有攻擊性的孩子，通常性格上更外向、活潑。他們在積極的親子關係中可以很好地學會自我控制。如果他們與父母建立了牢固的依附關係，他們會學會接受父母的價值觀。」

另一位學生舉手：「對於那些比較謹慎的孩子呢？」

Dr. Mary解釋說：**「對於那些性格上較謹慎的孩子，他們通常會更容易抑制自己的衝動。這些孩子如果在敏感的親子關係中得到了溫柔的對待，往往會成為最具同理心的人，但如果沒有被妥善對待，他們可能會過於焦慮，甚至變得反叛。這些研究告訴我們，早期的家庭環境對孩子的性格發展有著深遠的影響。那些在三歲之前沒有學會自我**

控制的孩子，行為問題往往會持續到成年。」

Dr. Mary：「讓我們繼續探討社會行為的本質。

「社會行為的本質之一，是一種願意追求自己的目標而不顧他人感受的傾向，這往往表現在與他人的疏離，以及對和諧人際關係的缺乏信任。然而，這並不是基因決定的結果。基因所能提供的只是一些原材料，比如衝動、外向的性格，或者謹慎、過於敏感的傾向。真正決定孩子行為的，是父母如何以嬰兒所需的方式回應這些性格傾向。父母能否建立一個可靠、充滿愛的關係，是決定孩子社交能力的關鍵。」

一位學生舉手提問：「這樣的關係具體是怎樣幫助孩子發展自我控制的呢？」

Dr. Emma回應：**「想象一下，一個幼兒願意為了取悅媽媽而延遲享受冰淇淋，或者願意與爸爸解決衝突，這樣的行為是因為孩子對自己的人際關係充滿信心。我兒子小的時候，他受了我的斥責，哭了一場，就會要求我餵他吃飯，來確定我還是愛他。他不需要通過恐懼或懲罰來進行社交，因為他開始理解自己的行為會對他人產生影響，並且他在意他人的感受。這之所以能發生，是因為他的照顧者過去對他的感受給予了回應，讓他學會了相信人際關係是快樂和安慰的源泉，值得他珍惜。這就是為什麼父母的反應如此重要，因為它奠定了孩子未來與他人互動的基礎。」**

第九章

信息過多，反而無所適從，我們該怎樣辦？

健康的童年能夠在一生中為你帶來力量，不健康的童年則需要用一生來治療。

Dr. John和 Dr. Bill負責教導年輕醫生。

Dr. John說：「當我們解釋這些知識的時候，經常會有人問，『如果這些問題已經根深蒂固，那還有什麼可以做的？會不會已經太遲了？』其實這種問題很常見，特別是對於為人父母的人，他們容易感到內疚，回想起他們跟孩子的互動。我們往往過於強調嬰兒期的重要性，卻忽略了人生不同階段的微妙變化。是的，嬰兒期是個關鍵的發展階段，但不是唯一重要的階段。 童年尤其是七歲前，仍然有許多重要的機會來改變和塑造成長過程。到了青春期，大腦會再次進行大規模的重組，直到二十五歲左右才趨於成熟。但這並不意味著發展就此結束。人類一生都在適應和變化。即使早期形成的行為模式深深植根，我們仍然可以通過有效的方法來打破並重建這些系統。」

Dr. Bill接著解釋：「當然這個不容易，當事人往往出現精神分析師稱為『抗拒』的情況：即使當事人雖然深感不快樂，在意識層面上很想改變，希望尋求心理治，但他們往往在不知不覺間，對新的思維方式或人際關係的改變，表現出抗拒。這並不是沒有希望的情況。各類心理治療方式可以幫助並加速改變，許多人透過治療獲得了顯著的進步。」

Dr. Bill補充：「**我個人認為，預防始終勝於治療。越來越多的研究表明，通過改善父母與嬰兒之間的關係，遠比成年後再進行心理治療來得更有效率，也更少痛苦。**在一些歐洲和美國的地區，專門關注嬰兒心理健康的診所數量正在不斷增多。之前 Dr. John在牛津也設立了一個機構，專門提供這類服務。可惜香港還未有這服務，這應該成為所有醫療保健體系的基礎之一。

嬰兒的適應力和恢復能力比成人更強，他們處於快速的心理成長階段，能夠比成年人更快地建立新的情感習慣。這種轉變速度，常常讓人驚嘆。」

這時有學生舉手提問：「Dr. John，變化真的可以在短短一週內發生嗎？」

Dr. John微笑著點頭，說道：「是的，變化可以在非常短的時間內發生。在我與父母和嬰兒的工作中，我親眼見過一些嬰兒，起初他們表現呆滯，週復一週地不與人眼神交流。但當他們的母親情緒好轉，或是能夠開始更有效地回應他們時，這些嬰兒會突然變得有活力，開始警覺起來，與人進行更多眼神交流，甚至有社交微笑，嬰兒整個狀態也放鬆了很多。這些母親與嬰兒之間原本可能充滿冷漠或敵意的關係，往往在短時間內變得親密而愉快。相比之下，成年人改變他們的情感模式或克服抑鬱症狀，可能需要好幾年。幫助嬰兒和母親建立連結，常常比我們想像中簡單。」

另一名學生追問：「這背後的關鍵是什麼呢？」

Dr. Bill回答：「我們稱之為『反應能力』。嬰兒需要的是一種恰到好處的反應，既不是過度焦慮地迎合每一個需求，也不是長時間的忽視，而是那種來自自信父母的平和、放鬆的回應。這種反應讓嬰兒感到安全，也促進了他們的健康發展。如果我們能把這種反應裝瓶，可能會成為暢銷商品！研究發現，這種反應能力是健康的嬰兒成長的核心。經過多年研究，證明父母或照顧者如果懂得跟嬰幼兒的精神狀態同步，並在適當時機提供恰當的反應，也為嬰兒建立很重要的能力。」

有學生忍不住問：「所以照顧嬰兒就像解謎遊戲一樣嗎？你需要不斷適應他們的需求？」

Dr. John笑著點頭：「沒錯，這可沒有『萬用』的方法。每個嬰兒都有自己獨特的性格，內向的寶寶和外向的寶寶需求完全不同。甚至活潑的寶寶和容易感到無聊的寶寶，也會要求不同的回應。你不能用一個固定的模式應對所有寶寶的需求，這可是量身定制的服務！例如，如果寶寶餓了，你總不能只是搖他吧？這根本解決不了問題。同樣，如果寶寶的尿布濕了，你抱著他也無濟於事，真正有效的回應是根據情況作出相應的行動。」

一名學生說：「所以這就像我們成人的情況一樣吧？如果我們有問

題，『不認真的善意』並不能幫助我們解決問題？」

Dr. Bill點頭：「非常正確。當你感到困擾時，一般的友好問候甚至是敷衍，甚至可能讓你更覺得沒有人真正理解你。最有效的支持是來自那些能真正與你產生共鳴的人，他們願意理解你的感受，幫助你表達，並一起思考解決辦法。這種有針對性的反應，無論是對寶寶還是對成年人，都是至關重要的。當你能感受到有人真的在乎你的具體情況，那種回應才會真正起作用。」

小休過後，學生們重回課室。

課堂中，一名學生好奇地問道：「Dr. John，所以情感調節的本質就是能即時作出恰當反應，然後和別人一起處理這些情感嗎？」

Dr. John微笑著說：「沒錯！情感調節的核心就在於有人能夠當下回應你的情感，並幫助你一起理解和處理。這也是嬰兒自我意識形成的關鍵，他們需要有人能夠理解他們的狀態，幫助他們調整情緒。」

另一名學生接著問：「這聽起來有點像寶寶要通過大人來學習建立『自我』？弗洛伊德說的原始自我（Id）和、意識的自我管理（Ego）防衛機制等，跟寶寶的『自我』有關嗎？」

Dr. John：「是的，他的理論其實與我們現在對大腦結構的理解有些契合。我們知道，前額葉皮層是負責高級社會行為的重要部分。它幫助我們不只是依賴原始本能來反應，而是考慮行為的社會後果，調節我們的情感和行動，所以是『EGO』。

「嬰兒的自我意識其實是通過與父母的互動來發展的。父母通過觀察寶寶的情緒和需求，跟隨他們的線索，逐漸學會更好地回應寶寶，這就是一種快速恢復和諧的方式。」

一名學生問：「這聽起來是不是太簡單啊？只要觀察寶寶就可以了？」

Dr. Bill笑起來：「聽起來簡單，但實際上，很多時候父母自己在情感調節上也有困難，這反而讓他們更難調整孩子的情緒。這種情況在我們的臨床工作中並不少見，很多時候成人的心理問題，根源其實可以追溯到嬰兒期沒有學會良好的情感調節。」

另一名學生認真問道：「這些早期問題會一直影響到成年人嗎？」

Dr. Bill回答：「會的，當嬰兒沒有得到足夠的支持來學會自我調節，他們會嘗試用自己的方法去應對，這通常會導致兩種極端的模式：要麼他們過度自給自足，要麼變得極度依賴情感支持，或者在這兩者之間搖擺不定。情感通道就這樣被堵塞了：要麼感情淹沒了自己，要麼根本沒辦法順利把情緒表達出來。這些防禦機制通常在早期形成，但長大後，我們很少意識到自己在使用它們，這就是為什麼成年人心理治療需要花那麼多時間來解開這些結。很多成年人正在用嬰兒期學會的方式來保護自己，卻不知道其實這些方式早就不再有效了。」

一名學生發問：「Dr. John，所以健康的情感應該是自由流動的？不應該被壓抑？」

Dr. Bill說：「對，健康的情感生活應該是像河流一樣，流暢無阻。情感來了，你不需要把它困住，也不需要遏抑它，而是順應著它，找到適當的方式去處理。你應該能自由地感受，然後在合適的時候，與他人分享或處理它。這其實不僅僅是個人自身的事，還包括與他人之間的互動。擁有良好自我調節能力的人，不僅能夠處理自己的情感，也能夠對他人的情感做出反應，並且在適當時候表達自己的需求。

「情感不能被遏抑，它需要自由流動。良好的情感調節不在於控制情感，而在於允許它們存在，同時具備反思的能力，選擇何時、如何作出反應。這就像在與情感共舞，既不被它們完全掌控，也不試圖完全控制它們。

這過程像是一種平衡，我們要學會與自己的原始衝動共處，並在這種內心的舞蹈中找到自己的節奏。通過這種方式，我們才能在與他人互動時，真正理解和管理自己的情感，避免讓情感成為問題的根源。」

一名學生提出疑問：「這種情感調節失敗，是怎麼出現的呢？」

Dr. John深思片刻，回應道：「這通常與早期的家庭經驗有關。如果孩子成長過程中與父母的互動出現問題，比如父母自身無法調節情感，孩子就會發展出防禦性的情感模式。有些孩子會變得過度自給自足，無法依賴他人，而有些孩子則會用發脾氣或哭鬧來引起注意，但這些方法在成年後常常不再有效，尤其當他們進入更廣闊的社會時，這些方式反而成了障礙。比如，一個在家庭中總是自給自足的孩子，後來可能發現自己很難建立親密關係；而一個經常用哭鬧來吸引父母注意的孩子，長大後發現其他人不會這麼回應他。」

一名學生説：「那真是一場社會適應的大挑戰！」

Dr. John説：「我們常常使用那些從小學習得來的策略來處理關係，這些策略曾經在某種程度上有效。但不安全依附的孩子，策略通常防禦性很強，缺乏靈活性。他們不知如何與那些有回應的人相處，只會應對那些無反應的對象。而安全依附的孩子則期待別人回應，並且能更靈活地適應不同情況。如果一個人對他們無反應，他們會轉向別人尋求支持。

這些早期模式深深刻在我們的神經網絡裡，成為我們無意識的情感習慣，像刷牙或睡覺一樣自然。我們的身體甚至習慣了某種水平的神經化學狀態，無論這種狀態是否健康。壓力系統失衡或者前額葉皮層功能不足的人，在面對情緒挑戰時往往難以應對。」

一名學生問：「成年人還能改變這些模式嗎？」

Dr. Bill回應：「好問題！腦神經的可塑性仍然存在，因此有希望重建新的連接，甚至改變化學水平。例如，抑鬱症患者的皮質醇水平可以降低，藥物治療也能調節血清素和去甲腎上腺素的水平。不過，藥物治療只能是治療的一部分，特別是在應對自殺傾向或影響日常生活下，這可能是必要的手段，但對取得長期福祉來看，改變情感模式才是關鍵。」

「今天的授課到此為止，下星期我們討論新的課題：飲食與生活方式。」Dr. Bill說。

. . .

飲食和生活習慣

Dr. John問：「除了藥物治療，有沒有更自然的方法來平衡神經化學呢？」

Dr. Bill回應：「有的，還有更溫和的方式。規律的運動可促進內啡肽分泌，這對抗抑鬱很有效。同時，按摩能減少壓力激素，冥想也能降低皮質醇水平。我們的飲食也很關鍵，像 Omega-3脂肪酸不足與抑鬱和易怒有關，補充這些營養能改善情緒健康，甚至幫助一些ADHD兒童。

「然而，這些方法都需要長期堅持才能見效，而且不一定能改變我們的情感調節模式。比如，曾經不安的孩子即使改善了飲食，長大後也不一定就能更好地跟人相處。」

另一名學生好奇問：「那麼，我們怎麼才能達到既能自我接納，又能與他人共情的理想狀態呢？」

Dr. Bill說：「這需要我們不僅關注生活方式的改變，還要學會在與他人的互動中，不斷反思和調整自己的情感反應，這才是關鍵。」

「讓我們談談一個相關題目。」

Dr. John投射了新的簡報：再次成長的改變。

一名學生問道：「Dr. John，心理治療如何幫助我們改變這些舊有的情感模式呢？」

Dr. John解釋道：「通過建立一種專注於治療的關係，心理治療讓當事人探索自己的情感調節方式，並引入新的情感習慣。當特定的情感被喚起時，舊的神經網絡會自動激活，並以熟悉的方式處理情感。然而，與治療師一起，你可以練習新的反應方式。治療師的接納提供了心理空間，讓你反思情感並嘗試新的回應模式。

這個過程也涉及處理那些未完成的早期情感，比如被拒絕或被遺棄的恐懼感，這些情感通常會在成年後的壓力時刻爆發出來，看似與當前情況不成比例，卻往往與兒時的情感經歷有關。」

課堂裡，一名學生打趣地問：「所以，Dr. John，心理治療是不是就是讓人把原生家庭作為抱怨的對象？」

Dr. John回應：「很多人確實這麼認為，甚至說：怪責你的父母和童年，應該有『截止日期』。但實際上，大多數人都很難真正批評他們的母親，因為他們內心深處渴望得到母親的愛和認可。他們常常理想化母親，害怕面對她們的缺點。心理治療的進步往往來自於當事人逐漸接受父母也是有缺陷的普通人，並且放下對完美父母的幻想。當他們能接受這一點時，也會更容易接納自己。」

Dr. John解釋：「很多人因為早期沒有人幫助他們調節情感，長大後便採取防禦性策略來應對。他們試圖成為一個理想的自我，以贏得愛，或者否認自己的情感需求。然而，治療師可以提供給他們的，是那種缺失的經驗，也就是被他人認同和承認的情感。

「更重要的是，當治療師和當事人之間出現溝通問題時，治療師能夠展示如何『修復』關係。這種破裂與修復的過程建立了當事人對關係的信任，讓他們知道即使有分歧，也能重新找到平衡。通過這種與治療師的互動，病人慢慢學會傾聽自己和他人的情感，並分享這些情感，無論是通過言語還是非言語的方式。這就是建立安全、健康關係的關鍵。」

一名學生說：「Dr. John，這聽起來像是我們要重新學習嬰兒時期錯過的東西。」

Dr. John點頭：「沒錯，這其實就是重頭再來的過程。在嬰兒期，我們主要是通過觸碰和感官體驗感受到安全感和接納。當我們長大後，語言成為了主要的溝通工具，但那些在早期缺乏這些關懷的孩子，他們學不到這些感覺是如何被處理和調節的。

「這些孩子沒能學會情感是可以被接受和修復，他們只能依靠防禦機制來自我保護，結果就是他們無法與他人建立真正的情感聯繫。這種隔絕讓他們感到內心空虛，常常會轉向毒品、食物或其他上癮行為來填補這種缺失。」

另一名學生問：「那心理治療就是幫助他們重新建立這些聯繫嗎？」

Dr. John回應：「沒錯，心理治療提供了一個機會，讓他們能夠逐步重新調整這些情感策略。不過，這並不能一蹴而就，而是需要時間和耐心。新的情感體驗需要反覆進行，直到大腦形成新的神經網絡，這些網絡成為他們情感調節的一部分。一旦這些新的網絡建立起來，他們就擁有了一個隨時可用的『情感調節工具箱』，幫助他們更健康地應對生活中的情感波動，這才是真正的療癒。」

第十章

未來的誕生

養育一個孩子需要一整村莊的人。

新手媽媽的告白

Alice坐在窗邊，望著外面的街道，輕聲說：「我從來沒想過，成為母親會對我產生這麼大的影響。」

Alice是 Dr. Emma和 Dr. Mary的的好朋友，經常跟她們分享自己的心情，但這一次，她的語氣中多了一份沉重：「我們常常說，母親的角色對家庭和孩子有多重要，似乎照顧孩子就是女性的天職。但我越來越覺得，這種期望其實並不公平。情感調節和關愛他人並不是女性專有的能力，父親同樣可以做到，甚至有些做得很好。」

Alice停頓了一下，眼神中透出一絲疲憊和困惑：「我知道，傳統上這些責任落在女性身上，但在現代社會，我們開始質疑這種分工的合理性。畢竟現在很多女性是雙職的，她們在有了自己的孩子之前，根本沒有任何育兒經驗。而當她們真正成為母親時，往往感到迷茫，不確定自己是否能勝任，這種不安感，其實跟男仕沒有太大區別。」

Alice低下頭回憶某段特別難熬的日子。「我記得，初為人母時，那種生活上的衝擊真是讓人措手不及。原本我忙碌的工作生活被打破，取而代之的是一種漫長而孤寂的日常。每一天都像是被拉長的慢鏡頭，我被困在寶寶的世界裡，一邊忙著照顧他，一邊還要試著維持家裡的整潔，準備晚餐，偶爾出門找些朋友談話。」

她苦笑了一下，眼神有點無奈：「那種感覺，尤如一條小魚游在凝膠狀的環境裡，根本我無法像以前那樣快速應對任何事情。所有從前的一切，從辦公室裡的喧囂、同事間的對話，變成了寶寶的哭聲和沉重的責任。這種生活，真的是我想要的嗎？」

Dr. Emma回應：「所以產假放完之後，我反而渴望快點重返回醫院工作。」

Alice接著說：「但漸漸地，我開始學會如何適應這種新的節奏，開始理解這種慢下來的生活也有它的美。不是說我不懷念過去的日子，只是我逐漸明白，母親這個角色，和其他的任何一種角色一樣，都需要學習和成長。」

Dr. Mary說：「我接觸過不少新手媽媽，也有類似的困惑。例如最近一位母親的心聲：我覺得自己被困住了。」

一位年輕的媽媽輕聲說，眼裡泛著淚光，她抱著剛滿一歲的寶寶，雙手不住地顫抖。她渴望得到幫助，卻又怕自己一旦由別人代勞，會對不起這個自己帶來的小生命。「我讀了很多育兒書，每一頁都提醒我，0至 3歲是寶寶成長的黃金時期。我擔心我做得不夠好，怕自己會辜負他。」

新手媽媽無奈地嘆了一口氣，聲音裡夾雜著疲憊和憤怒：「有時候，我真的很嫉妒我老公。他的生活好像一切如常，工作、應酬都沒變，而我卻像一團糟。連好好睡一覺的權利都沒有。」

然後她黯然地說：「有一次，我實在忍不住了，把孩子用力摔到嬰兒床上。他大哭，我也哭了。我知道我做錯了，但我真的累透了，感覺自己快要崩潰。

「有時我覺得自己像活在一片無人的荒野裡，沒有任何成人的互動。每天圍繞著的只有哭聲和奶瓶，我的內心感到無比孤單和無助。」

她低下頭，淚水終於滑落。

「這位母親的故事，是無數新手媽媽的真實寫照。」

Dr. Mary繼續說：「所以不要羨慕全職媽媽，其實她們比上班一族還要辛苦。」

「Alice，我們到附近喝杯咖啡，讓大家好好地聊聊近況。」Dr. Mary提議。

如何平衡育兒和工作

在一個陽光明媚的午後，Dr. Emma、Dr. Mary和她們的朋友 Alice坐在咖啡店裡，聊聊彼此生活的變化。Alice剛剛成為母親，而她內心的掙扎和困惑，讓她在兩位好友面前打開了心扉。

「我發現，在這個嬰兒的世界裡，沒有人知道或在乎我的想法，」Alice低聲說，眼神有些失落。「沒有人在乎我之前做過什麼，愛過誰。我現在就是『那個帶著寶寶的媽媽』，這個身份好像把我以前的所有自我都吞沒了。」

Dr. Emma輕輕握住她的手：「我明白，那種感覺讓人很難適應。你曾經是一個有目標、有成就的個體，而現在，似乎所有人只關注你是否把孩子照顧好，而忽略了你本身的存在。對很多女性來說，這種角色轉變是難以承受的。她們會覺得自己被困住了，被囚禁在一個看似無止境的育兒循環裡。而對於另外一些人來說，這種生活反而像是一個讓她們逃離現實的夢幻世界，不再需要承擔那麼多工作壓力和爭名逐利。」

Alice苦笑著說：「是啊，我也見過一些人完全沉浸在這種角色裡，似乎不再想回到過去的自己。但對我來說，這個調整真的很難。以前，我的工作讓我感到自己是誰，讓我有價值感。現在，我很愛我的寶寶，但同時，我也無法忽視對舊生活的渴望。」

Dr. Mary輕聲説：「這種感覺很正常，Alice。隨著女性職場機會的增加，很多新媽媽都面臨著這樣的矛盾。你一方面想念工作，想要找回以前的身份，另一方面又擔心自己是否在辜負寶寶的成長。」

「是的，」Dr. Mary接著説：「很多女性最終選擇重返工作崗位，無論她們多麼想念孩子，這都是她們為了平衡自我和家庭做出的選擇。這種內心的掙扎會持續一段時間，但重要的是，無論你選擇什麼，都要找到自己內心的平衡。切記千萬不要委屈自己。」

Alice頓了一頓：「或許，這就是我現在需要學習的如何在愛我的寶寶的同時，找到一個屬於自己的新平衡。

「我覺得社會對母親這個角色的期待真的很矛盾。政府推出了產假和陪產假政策，但事實上，這些假期通常很短，而且不是所有人都能享受。這些政策似乎並不是出於對嬰兒需求的考量，而是給父母一點時間來應對新生兒的到來，然後趕快回去工作。」

Dr. Emma點頭附和：「對，社會依然強調工作的重要性，尤其是在香港。這向女性傳遞了一個明確的信息：母親的角色並不被真正重視，只有公共角色才有價值。」

「但最近情況似乎有些改變了，」Dr. Mary插話道，「我們開始看到越來越多高收入的職場女性選擇辭職，專心照顧孩子。」

Alice輕輕笑了笑：「是的，情況就像我一樣，可是，即使有其他女性選擇辭職，很多新媽媽還是感到內心矛盾。她們一方面想多陪伴寶寶，但又害怕如果不在幾個月內回去工作，自己會辜負女性在職場上為平等權利所作出的努力。」

「這種掙扎太真實了，」Dr. Emma接著説。「還有些人因為經濟壓力，根本無法選擇。她們不得不維持工作，無論她們多麼想留在家裡陪孩子。研究顯示，如果女性有選擇權，很多人會更傾向於兼職工作，這樣她們既能參與職場，也能兼顧育兒。這讓我想到，這不正是我們的祖先早就視為理所當然的生活方式嗎？在社群中工作和照顧孩子兩者兼顧。」

Alice輕嘆一聲：「也許這就是孩子真正想要的，雖然我們好像從來沒有問過他們的感受。」她停頓了一下，若有所思地補充道：「我們一直在討論母親的需求和社會的期望，但有些嬰兒的需求卻從來沒有被真正考慮過。」

Alice若有所思地說：「好母親的定義到底是什麼？好母親的需求應該與孩子的需求一致嗎？」

Dr. Emma點頭同意：「確實，在我們當前的社會中，核心家庭佔多數，各家自掃門前雪，人與人之間的距離，是咫尺天涯！這和我成長的年代『遠親不如近鄰』的情況截然不同。母親往往被孤立，和嬰兒一起生活，卻缺乏足夠的社交支持。」

Dr. Mary插話：「但孩子的需求本身是真實的、有生物基礎的。嬰兒在生命的初期確實有非常迫切的需求，這些需求是無法忽視的。你不能讓嬰兒等你打完電話或吃完午餐。嬰兒的需求是一種急迫感，因為他們無法預期未來，他們的世界就是當下的感受。」

Alice點了點頭，感覺自己被理解了。「我照顧寶寶的時候也有這種感覺，當他哭的時候，世界彷彿停下來了，所有事情都不再重要，只想讓他平靜下來。我有時候覺得，照顧孩子不僅僅是情感上的付出，還牽扯到很多我不了解的生理過程。」

Dr. Emma微笑著說：「沒錯，其實當父母回應嬰兒的需求時，他們不僅僅是在安撫孩子，還在幫助孩子的神經系統健康發展。他們幫助嬰兒的生物節律穩定下來，建立前額葉皮層的功能，這些都對孩子未來的社會行為有著深遠的影響。令人欣慰的是，父母不需要完全了解這些過程才能做到這一點。只要有成人具有敏感性和願意回應，這些事情自然就會發生。嬰兒在各種環境中都能茁壯成長，只要他們得到足夠的關注和愛護。」

Alice皺了皺眉說：「但有時候，我感覺自己沒有做到足夠好，尤其是當我感到壓力時。我知道很多母親也是這樣，她們自己曾經沒有得到過最好的養育，現在也在努力學著做一個『好母親』。」

「這個世界上，沒有完美的媽媽，『夠好』的媽媽就是『最好』的媽媽。」Dr. Emma說，她拍拍 Alice的手，安慰道：「壓力大的時候，確實很容易讓人忽略孩子的需求，甚至變得敵對或批評。這是我們需要去學習和克服的。我們不必完美，只需要在大部分時候足夠好，孩子們就能茁壯成長。」

「記得那時候，我太辛苦了，毅然放下四個月大的寶寶給母親照顧，自己去了英國開學術會議！那時也感到有點內疚，不捨得離開孩子。但孩子在母親手中，不止長了肉，還常常被母親逗得大笑。

「照顧好自己也是非常重要，孩子需要身心健康的媽媽！沒錯，重點是，我們都在學習如何做得更好，而這個過程本身就是一種成長。」Dr. Mary說。

. . .

早期良好的連結：把房屋建在盤石上

今天 Dr. Mary和 Dr. Emma又回到了課堂，繼續她們的教學。課堂裡的學生們專注地聽著，Dr. Mary站在講台前，語氣認真地說：「這一點非常重要，因為嬰兒的神經系統在早期階段非常脆弱。這個時期的經歷會影響大腦的生物化學結構。就像美國的腦神經科學家 Joseph LeDoux所說的，『這裡多了一些連接，那裡多了一點或少了一點神經遞質，動物的行為就會有所不同。』」

Dr. Emma接著補充道：「一些看似微不足道的行為差異，實際上會對嬰兒的情感發展產生巨大的影響。比如，一個母親在寶寶哭的時候立即去安撫他，而另一個母親則先喝完她的咖啡再去理會；一位母親積極地跟寶寶說話，而另一位卻稱他為『麻煩制造者』。這些小細節會慢慢積累，最終產生重大的結果。」

一名學生舉手提問：「這些微小的差異，真的會對嬰兒的長期發展產生那麼大的影響嗎？」

Dr. Mary點頭回應：「是的，這些早期的互動，特別是情感層面的互動，會深刻影響孩子的情感發展。如果父母在情感上不夠投入，或者感到壓力太大、對孩子漠不關心，或是過猶不及地緊張兮兮，都可能無法為孩子提供他們真正需要的情感支持。儘管這些孩子在其他方面可能發育得很好，甚至在認知上表現出色，但他們的情感發展可能會受到阻礙。我想起了一個叫 Yvonne的女孩。

「Yvonne是一位 19歲的女孩。她的父母十分嚴厲，對她要求完美，並帶有強烈的控制欲。她的母親在大學主修數學，但後來成為了家庭主婦。從小開始，Yvonne就有著焦慮型依戀，她渴望母親的愛，但每次向母親表達內心需求時，母親卻常常用理論和原則來回應。母親總是試圖以概念化的方式理解她的問題，無法真正理解對話內容背後Yvonne的情感和需求。

「Yvonne有時會爆發出情緒性行為，並需要低劑量的抗抑鬱藥來平衡情緒。後來，她前往英國留學，每天都感到極度疲憊，缺乏足夠的睡眠，也沒有進行運動。在社交方面，她感到自己格格不入，認為社交是浪費時間，於是她把全部時間都花在學習上。她心裡困惑，不知道該做什麼，因此把焦點集中在學業上。然而，她並不確定自己是否真的喜歡學習，只是因為無所適從。

「父母對她能進入英國的醫學院深感滿意，視她為自己的驕傲。然而，在學校宿舍裡，Yvonne開始將自己孤立，並逐漸發展出強迫性的潔癖。在學習過程中，她感到一種解離的狀態，因此更加努力地投入學習。父母將她視為用作展示的『獎盃』，而 Yvonne除了學業外，沒有從娛樂和友誼中得到滋養，因為她認為這些都是浪費時間。」

一位女同學說：「我不希望自己的孩子變得這樣，Yvonne 一點也不健康，也不幸福！她媽媽和 Yvonne 本人，情感的流動都處於閉塞中。」

Dr. Emma補充：「說得好！換句話說，寶寶可能吃得很好，達到了所有的發育裡程碑，甚至看起來很聰明，但如果他們在早期沒有得到適當的情感關注，他們可能在情感上會發展不良。」

另一名學生問：「那麼，我們怎麼才能確保我們作為醫生，能夠幫助父母避免這些問題呢？」

Dr. Emma微笑著回答：「這就是我們在這裡要學習的，如何教導父母更加敏感地回應孩子，如何理解這些小小的差異對孩子的長期影響。最重要的是，我們需要幫助父母在繁忙和壓力中找到平衡，確保他們能夠提供穩定而充滿愛的情感支持。

「讓我再講一個真實個案。」Dr. Mary接著說。

「Gilbert是一位 20歲的大學生，但他無法適應大學生活。儘管擁有很高的 GPA，他卻自信心低落，沒有親密的朋友，也在運動方面表現不佳。他嘗試參加一些社團，最後加入了一個英語學會，並在那裡參與戲劇表演，負責製作一個道具。雖然他不知道如何著手，但他不想被他人看輕，於是將所有材料帶回家，因為需要製作一個引擎工具。

在整個過程中，Gilbert沒有尋求同伴的幫助，只向父母求助。他從小在嚴格的管教下長大，母親是護士，雖然關愛他，但父親是嚴苛的會計師，對他要求甚高。即便考了 95分，父親也會質問他為什麼會丟掉 5分，甚至質疑他與朋友交往有什麼好處，並會問他大學某個科系畢業生的潛在收入如何。父親為他安排滿滿的時間表，期望他進入醫學院，但Gilbert並不擅長理科科目。

他父母幫忙替他製作的道具，不被其他同學接納，結果另一位同學替 Gilbert 完成道具製作，讓他感到崩潰，深感自我價值低落。最終，Gilbert去了工商管理，開始出現社交焦慮和自我懷疑，逐漸無法投入到英文學會的其他活動中。」

一位男同學說：「這種男孩子很難在大學和社會建立自尊，因為他的童年被父母控制，他也很難聽到自己的心聲。」

Dr. Mary接著說：「說得好！孩子成長不僅僅是生理發育的問題，更是情感聯繫的問題。我們作為醫療專業人士，必須了解並傳授這一點，幫助父母建立健康的育兒方式，從而促進孩子的全面發展。」

「那些沒好好掌握情感調節工具的人，往往很難保持平衡。他們的情緒常常卡在『過度激發』或『過度遏抑』之間。在『激發』狀態下，他們會變得不安、焦慮，思緒不停地加劇痛苦，對他人提出不切實際的需求，卻無法獲得所需的支持；而在『遏抑』狀態下，他們則避開情感，避免與他人接觸，甚至減弱對自己痛苦的意識。」

Dr. Emma接過話題：「這兩種狀態與不安全依戀中的『抵抗型』和『迴避型』非常相似。而『無組織型』依戀則會在這兩者之間來回擺動。最近的研究揭示，早期的大腦發展和壓力反應與這些依戀類型有生物學上的聯繫，這讓依戀理論在科學上更加可信。」

那名男學生答：「Gilbert就是迴避型依戀，他迴避了英文學會的同學，他內心的壓力一定很大！」

一名學生舉手問：「如果父母無法很好地調節自己情緒，這會對嬰兒有什麼影響？」

Dr. Mary回應道：「當父母因壓力、孤獨或缺乏支持，無法有效地滿足嬰兒的需求時，這些微妙的早期發展過程會受到影響。結果，嬰兒可能會發展出相同的不安全策略來應對情緒的波動，並且這些策略可能會伴隨他們一生，讓他們在面對情緒挑戰時走向心理病理的道路。抑鬱的人往往無法安撫自己，思緒不停翻騰；創傷後的患者可能處於過度激發狀態，難以控制壓力反應。其他情感障礙，比如人格障礙或精神生理疾病，則與情感的壓抑有關。有些人壓抑了憤怒，卻在其他情境中表現出不可預測的暴力行為。」

學生恍然大悟：「所以，這些問題的根源其實是早期情感調節的問題？」

Dr. Emma點頭說：「是的，情感障礙的根本問題往往在於調節的失衡。這些障礙不是單純的『疾病』，因為它們之間有太多的重疊和共病現象。情感障礙通常是由早期的調節困難，再加上後來的環境和學習經歷引發的。盡管精神醫學界對壓力反應的研究越來越重視，但仍然未能完全認識到早期嬰兒經歷在塑造壓力反應和大腦化學通路上的關鍵作用。就像美國腦神經科學家 Nancy Andreasen所說，皮質醇在許多精神疾病中扮演了重要角色，但她未能提到，壓力反應本身可以通過早期的經歷進行調整和改變。」

Dr. Mary總結道：「這就是為什麼我們需要更深入地理解早期經歷對情感發展的影響，因為這些經歷可能是後來許多心理健康問題的根源。」

「各位同學，今日的課到此完畢。」Dr. Emma說。

．．．

下星期到了。

課堂裡，Dr. Bill和 Dr. John接替 Dr. Emma和 Dr. Mary的教學，Dr. Emma正在外地參加會議，而 Dr. Mary則放假去了旅行。

Dr. John開始了討論：「Nancy Andreasome指出，抑鬱症的發病率正在顯著上升，尤其是在這個競爭越來越激烈、價值觀變得模糊的時代。她認為這是由日益緊張的生活方式所引起的，人們的價值觀變得不確定，憤世嫉俗和物質主義佔據了主導地位。無論是否如此，Nancy Andreasome忽視了一個關鍵事實：女性的生活方式確實發生了巨大變化。越來越多的女性在孩子還很小的時候就重返職場，這使得她們在母親角色和職業角色之間的平衡變得愈加困難。」

Dr. Bill接著說：「是的，這個現象導致了另一個極端的情況，父母和孩子都在承受代價。Betty Friedan在 1960年代曾經描述過年輕母親在家庭中的遏抑感，而今天的嬰兒和幼兒卻面臨著另一種壓力。他們在托兒所和忙碌的家庭生活之間穿梭，往往被隨意安置他們看視頻，缺乏足夠的情感調節。」

一名學生舉手提問：「這樣的情況會對孩子的情感發展產生什麼影響呢？」

Dr. John回答：「關鍵在於，這樣的育兒方式傳遞了一個潛在的信息：工作優先於和孩子建立關係。現代社會已經將人際關係縮減為『優質時間』的概念，這意味著我們錯失了持續調節的機會。孩子需要的不僅僅是短暫的交流和關注，而是持續不斷的情感支持和調節。這種持續的調節往往只有在昂貴的托兒環境中才能得到，孩子需要熟悉的成人提供足夠的情感關注。但規模較大的托兒所很難提供這種個性化的關懷，這就剝奪了孩子們在早期生活階段所需的基本情感學習。」

另一名學生接著問：「作為醫生，我們應該如何幫助父母應對這些挑戰呢？」

Dr. Bill微笑著回答：「我們需要教導父母理解，良好的育兒，甚至所有親密關係的關鍵，都在於調節。這意味著傾聽、察覺和回應孩子的情感需求，不僅僅是提供基本的生理需求。這是一種心理和情感上的優先考慮，需要在以目標為導向的社會中重新定位我們對人際關係的重視。這的確是一個挑戰，特別是在這個社會，工作和目標常常被放在首位。但我們必須幫助父母找到平衡，讓他們知道，給予孩子的情感關注是無法替代的，這對孩子的長期健康發展至關重要。」

．．．

小休過後，同學回到課室上課。

課堂裡，Dr. Bill回憶說：「最近在一家餐廳裡，我注意到一個高大、英俊的男人，灰白的頭髮，卻讓服務員忙得團團轉。他不停抱怨服務的速度，質疑飲料是否送錯了，還質問為什麼沒有帕爾馬芝士。他對自己的需求焦慮不已，完全忽視了其他人的情緒。這種過度專注於完成任務、達成目標的心態，讓他忽視了與人之間的聯繫。他沒注意到同桌的人漸漸變得尷尬、不自在，原本熱烈的談話也逐漸冷卻。這正是一種以結果為導向的思維，把成功和效率放在首位，卻犧牲了人際關係的質量。

「之前所提的 Gilbert和 Yvonne的父母，就是一個好例子，他們是孩子的木匠，希望他們朝著自己設立的目標成為。父母若是一個園丁，他們只需要給孩子充足的愛和照顧，如植物一樣，有土壤、陽光、空氣和水分，孩子本身自帶他的成長力量，」Dr. John說。

一名學生好奇地問：「這樣的目標導向會影響我們與他人的關係嗎？」

Dr. Bill點頭說：「這樣的思維方式讓我們忘記了傾聽和感受他人的情緒。在追求成功的過程中，我們忽視了當下的互動和關係的調節，甚至對自己的情感也漠視。這種心態，和那些所謂『名嘴』嘲笑自尊需求、批評人們『沉溺於情感』的觀點是類似的。它強調『堅持、忍耐、工作』，卻忽略了反應和理解他人情感的能力。這種『急躁病』在我們的文化中很普遍，讓我們認為，如果慢下來，傾聽自己的感受，會延遲達成目標。」

另一名學生提問：「我們怎麼找到平衡呢？特別是在一個如此注重效率的社會裡？」

Dr. John深思了一下說：「我們的文化在過去兩百多年裡一直在追求物質目標，科學和技術帶來了巨大的進步。我們的生活變得如此便利，隨時享有光、熱和娛樂，問題在於，我們的幸福感並沒有隨著物質的增加而無限增長。很多人開始意識到，過度的目標導向忽視了情感和人際關係的重要性。我們可以擁有所有物質上的便利，但如果沒有情感上的滿足和與他人的聯繫，這些便利帶來的幸福感是有限的。所以，我們必須學會在追求目標的同時，重新找回與他人和自己的情感聯繫，這才是真正的平衡。」

一位學生說：「Yvonne和 Gilbert就很難稱得上有幸福感和安全感。」

另一個學生補充：「他們甚至不能成為好醫生，好商業家或社會的棟樑！」

Dr. Bill沉思了一會，說：「同意！也許正是因為我們的物質條件已經這麼優渥，我們現在才有機會開始思考如何從非物質的角度來改善我們的生活。現在的科學告訴我們，觸碰、回應以及我們給予他人的情感關注，對嬰兒的發展至關重要。但我們該如何為這些情感和互動立法呢？這些事情似乎是非常個人的，發生在家庭的隱私空間裡。無論我們推廣多少產假或陪產假，是否真的能解決這個問題？」

介入早期育兒：為社會未來作好準備

一名學生舉手問：「所以我們應該更多地介入早期育兒嗎？」

Dr. Bill回應：「這正是問題所在。過去我們認為母親的角色是與生俱來的，但實際上，這是一個需要通過社會學習和經驗培養的過程。在更簡單的社會中，人們有更多的機會觀察和學習如何照顧嬰兒，但在現代高度發展社會，這種機會變得稀缺。新父母往往只能依靠書本或自己孩提時無意識的經驗來應對，這往往導致代代下來都重複出現相同的育兒問題。如果我們繼續優先追求物質目標，把所有成年人，包括年輕的父母，都捲入職業和成就的競賽中，那麼情感上的代價是不可避免的。如果我們不投入精力和資源去保護正在發育的孩子，他們將難以成長為情感上穩定、能夠維持健康人際關係的成年人。」

另一名學生問：「這樣的情感代價會帶來什麼後果呢？」

Dr. John回答：「這些情感問題的代價不僅僅是個人的痛苦，還對整個社會產生了巨大的成本。以英國為例，抗抑鬱藥的年支出已經超過了 2.39億英鎊。政府和醫生往往只會對症下藥，試圖緩解症狀，其實我們有足夠的科學知識來解決問題的根源。不過這些不涉及製藥公司的商業利益，影響也不會立竿見影。現在科學清楚地表明，我們可以通過改善早期育兒來預防許多社會和心理健康問題。這將是一項昂貴長時間的投資，但如果我們希望為更多的孩子提供一個情感上強健的起點，就必須重視和支持那些照顧孩子的成年人。」

Dr. Bill最後總結：**「這意味著我們需要一個文化的轉變，讓母乳餵養變得公開和被接受，讓照顧者不再孤立，並與當地社區保持緊密聯繫。我們還需要為婦女提供更多靈活的工作方式和共享育兒的心得，不是互相比較，而是彼此分享照顧。另外要確保那些負責照顧孩子的人擁有足夠的支持和培訓，這樣才能真正改變我們的未來。」**

在課堂的最後，Dr. Bill和 Dr. John語重心長地對學生說：「展望未來，我們不能忽視護理不足所留下的後遺症，這種『遺產』往往會在幾代人中『代代相傳』。僅僅減輕外部壓力是不夠的，我們還必須深入關注父母的內心世界。那些在成長過程中因為自身早期經歷而難以

管理壓力的父母，往往會不自覺地把這些困難傳遞給他們的孩子，即使他們獲得了更多社區的支持。如果我們想要真正阻止這些不良情感模式的延續，就必須解決這一代人面臨的情感問題。」

Dr. John接著說：「在我從事親子心理治療的工作中，我見證了這種改變的力量，父母通過努力，打破了代代相傳的有害情感模式。當然，還有很多父母需要更直接的指導和支持，這些支持可以通過醫護家訪網絡等等來提供。這並不是不可實現的目標，而且在已經實行的地方，這些方案已經被證明是有效的。考慮到精神問題的急劇惡化、自殺率上升，以及情感調節失敗所帶來的巨大社會成本，這樣的干預措施很可能也是具備成本效益的。我們不能忽視這些問題。

「我們現在所看到的證據讓我堅信，我們必須採取行動。今天出生的嬰兒，未來將成為照顧我們老年生活的成年人。他們將管理我們的產業，娛樂我們，甚至成為我們的鄰居。他們會成為怎樣的成年人呢？他們是否能夠情緒平衡、充分發揮他們的才能，還是會被潛藏的情感困擾所束縛、甚至對別人造成負面影響？」

第十一章
過去的傷害，真的是覆水難收？

Apple 淚眼婆娑地說：「我的過去如此坎坷，我焦慮和負面的性格，也不是出於自己的選擇⋯⋯」

Dr. Emma 輕聲回應：「你能更好地留意原生家庭對你情緒風格的影響，就是一個很好的開始！」

「可是事情已經發生了，我的人生還能重寫嗎？」Apple 問，聲音中帶著些許絕望。

Dr. Emma 目光堅定地說：「當然可以！能意識到問題，就是改變的第一步。」

隨後，Dr. Emma 陷入了回憶，似乎是在和自己過去的影子對話。

Dr. Emma 的自白

「七十年代，我像大多數孩子一樣，出生於草根家庭。我的母親雖然沒有受過教育，但她很聰明，精通上海話（母語）、廣東話和普通話。她勤奮能幹，把家裡收拾得井井有條，即便家境貧困，我們的衣服總是乾淨整齊。相比之下，我的父親並不求上進，對家中孩子也不太上心。

記得有一次，弟弟考試不及格，我冒充父親在成績表上簽名。母親不喜歡姐姐的男朋友，於是我寫信把那男人趕走。我總想替母親分憂，但同時也遺傳了她的焦慮和神經質。」

Emma 停頓了一下，繼續回憶：「有一次，母親忍不住對我說：我也不想整天緊張兮兮的，媽媽實在受了太多苦。我父母早逝，九歲被後母逼去工作。當我被寄養家庭帶來香港，我每日都以眼淚洗臉。那戶人家對我又是刻薄又是虐待。Emma，你有機會讀書，媽媽再做多一份兼職也會供養你！」

「童年給我帶來的後遺症是，沒有父親的支持，讓我對長輩不畏懼，甚至學會與母親一起抵禦外界的攻擊。在進入職場後，我也毫不畏懼權威，遇到不合理的事情，會當面與上司對質。但我對那些情緒反覆、一事無成的男病人，心裡常生厭惡，極度缺乏同理心。我心想：男人老狗，有骨氣一點好不好？自己過得了自己嗎？」

Emma 嘆了口氣，帶著一絲反省：「一直走過來，我不得不面對自己的焦慮症和對男性的偏見。職場上，我也因為自己的「沒大沒小」吃了不少苦頭。」

她接著說：「我選擇進入精神醫學這個專業，其實是為了治療自己，為自己找到一條出路。我在基督信仰中找到人生的基礎，這些年也學習了中國古代文化和佛學思想。記得二十多年前，馬淑華博士從哈佛大學帶來了靜觀練習。還有『世上最快樂的人』詠給・明就多傑仁波切：自此我開始練習瑜伽和靜觀。」

・・・

詠給・明就・多傑仁波切（Yongey Mingyur Rinpoche）

詠給・明就仁波切是當代藏傳佛教噶舉派與寧瑪派的傳承祖古，是廣受尊敬的禪修大師。他的故事充滿啟發與力量，不僅展現了佛法的深邃，也揭示了禪修對心靈與科學的深遠影響。

現今的第七世詠給・明就仁波切，自幼就與恐慌症為伴。童年經常被突如其來的焦慮情緒所淹沒，無法控制內心的恐懼。

然而，他在 13 歲時，透過禪修找到了一條出路。他在冥想中學習與自己的恐懼相處，最終成功克服了困擾多年的恐慌症。這一經歷不僅改變了他的生命軌跡，也成為他後來教導禪修的基石。

17 歲那年，仁波切被指派為閉關房的上師，成為藏傳佛教歷史上最年輕的閉關上師。他肩負重任，指導修行者進行深入的閉關修持，展現了非凡的智慧與成熟。

2002 年，仁波切參與了一項由美國威斯康辛大學進行的實驗研究。這個研究就是 Dr Richard Davidson 負責，研究目的希望透過腦部掃描，探索禪修對大腦的影響。

結果出乎意料：當仁波切進入禪定狀態時，他的大腦中與快樂相關的指數激增了 700%。這一數據一度讓研究人員懷疑儀器是否出了問題。這項研究震驚了科學界，讓仁波切被《時代》雜誌譽為「世界上最快樂的人」。

今天，詠給· 明就仁波切的影響力早已超越藏傳佛教的範疇，成為將禪修與現代生活相結合的橋梁。他的故事提醒我們，即使面對內心的掙扎與恐懼，通過禪修與自我覺察，我們依然可以找到內心的平靜，擁抱生活的每一刻。

情緒、幸福感和冥想的神經科學

在科學探索的領域，Richard J. Davidson 是一位深具影響力的人物。他的研究專注於揭示人類情緒與幸福感的奧秘，以及如何通過冥想和正念訓練改變大腦的運作方式。他的發現不僅改變了我們對大腦的理解，也為情緒管理和心理健康提供了科學依據。

在科學研究的世界裡，人們經常想像科學家的工作是提出一個問題，設計一個巧妙的實驗，然後執行它，順利得出結論。然而，事實並非如此。挑戰現有的主流觀點是一件艱難的事，甚至在熱衷於閱讀科學研究的人群中，這一點也常常被低估。

20 世紀 80 年代初，學術心理學幾乎將情緒研究完全歸類於社會心理學和人格心理學，而不是神經生物學。只有極少數心理學家對情緒的神經基礎感興趣，而那些少量的研究也只集中於大腦所謂的「情緒中心」，即邊緣系統。Davidson 抱有一個截然不同的觀點，他相信，高層次的皮層功能，尤其是進化上高度發展的前額葉皮層，對情緒至關重要。

當 Davidson 第一次提出「前額葉皮層與情緒相關」的觀點時，他迎來了一波接一波的質疑聲。許多人認為，前額葉皮層是理性的所在，是情緒的對立面，因此絕不可能參與情緒的運作。試圖在這樣的學術氛圍中繼續科學職業生涯，就像逆流而上。他的探索被視為不切實際，彷彿是在撒哈拉沙漠尋找北極熊。

冥想的初遇與轉捩點

在 1970 年代，Richard J. Davidson 在哈佛大學攻讀研究生時，結識了一群非凡的人，他們善良且富有同情心。Davidson 很快發現這些人有一個共同點：他們都有練習冥想。這一發現激發了他的興趣，儘管當時他的理解還很初步，但這足以促使他在研究生第二年結束後，前往印度和斯里蘭卡學習更多關於這一古老傳統的知識，並親身體驗密集冥想的效果。

回到美國後，Davidson 希望打破傳統，探討冥想是否可以成為科學研究的主題。然而，當時研究情緒已經足夠具爭議性，而練習冥想幾乎被視為異端，研究冥想更是科學界的禁忌。學術心理學家和神經科學家普遍認為，大腦中有專門負責理性與情緒的區域，而這兩者絕不會交集。對於當時的學術界來說，研究冥想幾乎等同於自毀職業生涯。

雖然在職業生涯早期，Davidson 曾涉獵冥想研究，但學術界的強烈反對讓他不得不將這一興趣暫時擱置。然而，他從未放棄，一直是一個「隱藏的冥想者」。最終，當他在威斯康辛大學獲得終身教職，並擁有大量科學出版物和榮譽後，他重新拾起這一研究方向。

1992 年，Davidson 與達賴喇嘛的一次會面徹底改變了他的職業生涯和個人生活。達賴喇嘛挑戰他：「為什麼不利用現代神經科學的工具來研究善良和慈悲等積極品質？」這次會面點燃了他將冥想和其他心理訓練帶入公開研究領域的決心。Davidson 許下了兩個承諾：一是親自研究冥想，二是讓積極情緒（如慈悲與幸福感）的研究成為心理學的核心，與負面情緒研究的地位相若。

經過一段時間，Davidson 的研究證明通過冥想等心理訓練可以改變大腦活動模式，增強共情、慈悲、樂觀及幸福感。他發現前額葉皮層等高層次認知區域是改變這些大腦活動模式的關鍵。Davidson 的研究不僅改變了學術界對情緒的理解，也為普通人提供了一個指南，幫助每個人實現自身的轉變。他認為，「冥想」在梵文中的意思是「熟悉化」，而熟悉自己的情緒風格是改變它的第一步。意識到自己的情緒風格以及周圍人的情緒模式，是轉化自我的起點，也是一個走向內心平靜和幸福的過程。

Davidson 指出，情緒的產生依賴於幾個關鍵的大腦區域，如杏仁核、前額葉皮質和前扣帶皮質。他更進一步提出了一個關於情緒風格的框架，包括韌性、展望、社交直覺、自我覺察、情境敏感性和注意力等六個維度。這些維度不僅可以測量，還可以通過訓練進一步提升。如今，人們開始理解真正的幸福由感恩、利他和慈悲開始，而這些細小努力讓生活更為充實。

· · ·

這個周末的下午，Apple 坐在窗前，回望過去。她嘴角帶笑，心想：「我的故事終於由我自己書寫了。」她記得 Dr Emma 說她最大的轉化，就是不再把自己看成「受害者」。

「我知道只有把自己當作一個有能力去選擇，並為選擇負責任的人，你才能重掌自己的人生。所以我會選擇去愛，這是我的選擇，至於別人會否感謝我，就不是我要管的事。因為我明白，比起愛的對象，擁有愛的能力更為有福。」

後記

我的告白：
中醫與精神科的相似之處，治未病的啟示

我是精神科醫生，每天在診室裡見到形形色色的患者，有年輕人、有長者，甚至還有看似健康、只來尋求建議的朋友。每一次傾聽與對話，我都不期然想到，精神科的診療，其實與中醫有著出奇相似的地方。我想從一個故事開始，和大家分享我的感受，。

診斷的挑戰：從「未病」開始的旅程

記得有一次，一位患者來找我。他訴說著失眠、食慾不振，但查來查去，所有檢查報告都顯示「正常」。他焦慮地問：「醫生，是不是我想太多了？」這讓我想起中醫。

精神科醫生和中醫一樣，手上沒有精密的儀器可以一眼看穿患者的「問題」，我們更多是靠「望、聞、問、切」——觀察患者的表情、傾聽他們的故事、細問日常生活，再從蛛絲馬跡中拼湊出整體畫面。在這樣的過程中，我們需要接受「模糊性」和「不確定性」，就像中醫看診時，需要用經驗和敏銳的直覺判斷身體的平衡與失調。

個體化治療：誰的故事都不一樣

每一個患者都有自己的故事。中醫講究「因人制宜」，精神科醫學也是如此。一位新手媽媽的抑鬱症，與一名高壓職場人士的焦慮，根本無法用同一個方式治療。他們的生活背景、心理狀態，甚至是應對

壓力的方法都不一樣。

有一次，我治療一位學生，她的學業壓力讓她經常頭痛。若是中醫，可能會說她「肝火旺盛」，需要疏肝解鬱；我的處理方式是幫她調整學習節奏，鼓勵她建立規律、培養興趣和減壓的生活。這些方法雖然看似不同，但核心是一致的——我們都是以整體的眼光去看待患者，而非只關注某一個「症狀」。

治未病：預防是最高境界

在中醫的世界裡，有「上醫治未病」的說法，即最優秀的醫生，不是等疾病發生才去治療，而是提前干預，讓疾病不會發生。精神科醫學也在追求這一點。

過去十年間，我看到心理疾病的數量急劇增加，特別是在香港這樣的繁忙城市。患者中，許多人其實並非「重病」，而是處在壓力和情緒失衡的早期階段，或是「亞健康」的狀態。這些問題如果不及時處理，很可能進一步惡化。但如果能在早期進行心理疏導，或者教導他們調節情緒的技巧，就能有效避免長期的心理困擾。

我曾經幫助一位剛入職的年輕人，當時他還沒到焦慮症的程度，但頻繁的心跳加速和失眠已讓他感到不安。與其說我「治療」了他，不如說我教會了他一些應對壓力的方法，比如運動、放鬆技巧，以及建立支持性的社交關係。這些方法的效果，正是「治未病」的最好體現。

在這本書中，我強調了早期育兒中「愛的雕琢」對孩子日後發展和精神健康甚為關鍵，也是「治未病」的上游干預。

六大啟示：從《黃帝內經》到現代精神科

我經常想，中醫提出的「治未病」理念，在現代精神科的實踐中，有著無盡的智慧。比如：

1. 順應自然，平衡陰陽

人需要遵循自然規律，維持內心的平衡。現代社會的壓力和數碼化生活讓人容易失衡，但調整作息、適應環境變化，其實是每個人都可以開始的「治未病」第一步。

2. 精神內守，病安從來

中醫說「精神內守」，其實就是調節情緒、保持心理穩定。對我來說，這正是治療焦慮和抑鬱的核心理念。情緒穩定時，身心的自愈能力才能發揮作用。

3. 飲食調理，以資血氣

合理的飲食不僅對身體有益，對心理也有幫助。例如，研究證明，Omega-3 脂肪酸有助於減輕抑鬱症狀，而健康的飲食習慣更能促進整體心理健康。

4. 強身健體，動靜相宜

適度運動是紓壓的良藥。無論是瑜伽還是快走，都能幫助患者改善情緒，釋放內心的壓力。

5. 增強正氣，避其邪氣

中醫講「正氣存內，邪不可干」。精神科學中，這就像增強心理韌性——讓患者能更好地面對生活中的壓力和挑戰，減少環境負面因素的影響。

6. 早期診治，防止傳變

心理疾病的演變常常是漸進的。若能在早期階段就進行干預，就能防止問題從小煩惱變成大危機。成語『病入膏肓』想講的，就是這個道理。

當代啟示：變化的社會，永恆的原則

隨著社會快速變遷，人們的心理需求和壓力來源也在改變。數碼化的工作環境、AI 技術的興起，甚至是育兒方式的轉變，都讓心理健康問題更加複雜。但不論時代如何變化，「治未病」的理念依然適用。

我希望，無論是中醫還是精神科，都能共同努力，幫助患者預防疾病的發生，用整體觀的智慧，讓每一個人都能擁有更健康的身心。

當父母都有健康的身心，能夠好好的愛和關懷孩子，我們就是為未來社會建立棟樑。

這是我作為精神科醫生的一點感悟，也是向中醫致敬的一個「告白」。

Reference

1 Andreasen. N. 2001 Brave New Brain: conquering mental illness in the era of the genome, Oxford: Oxford University Press

2 Bates. J. Pettit , G ., Dodge, K, and Ridge, B. (1998) : interaction of temperamental resistance to control and resistive parenting in the development of externalising behaviour, Developmental psychology 34: 982

3 Beebe , B and Lachmann, F (2002) Infant research and adult treatment, hillsdale , NJ: Analytic Press

4 Bowlby, J (1969) Attachment, London : Pelican

5 Brier , A., Albus M , and Pickar , D (1987) Controllable and uncontrollable stress in human : alternation in mood , endocrine and psycho physiological function, American journal of psychiatry 144: 1419-25

6 Carodet , R, Yates. W, (1995) Genetic environmental interaction in the genesis of aggressively and conduct disorder, Archives of general psychiatry 52: 916

7 Cohn, J., Campbell, S. Matias , R at el (1990) face to face interaction of postpartum depressed and non depressed mother infant pairs in 2 months Developmental psychology 26(1) 15-23

8 Collins and Steinberg et al : 2000 contemporary research on parenting: the case of nature and nurture American psychologist 55: 2: 218-32

9 Davidson R 1994 Anterior cerebral asymmetry and the nature of emotion , Brain and cognition 20:1: 125 -51

10 Fonagy P et al 2003: the development of psychopathology from infancy to adulthood: the mysterious unfolding of disturbance in time : infant mental health journal 24 :3: 219-39 Attachment and psychopathology. New York, Guilford press

11 Frankl V. 1973: The doctor and the soul

12 Garber and Dodge : 1991, the development of emotion regulation and dyes regulation, Cambridge: Cambridge university press

13 Gendlin, E, 1978 Focusing , New York : Bantam

14 Goldman 1996: emotional intelligence, London: Bloomsbury

15 Marilyn Essex , klein et al: 2002, maternal stress beginning in infancy may sensitise children to later stress exposure: effects on cortisol and behaviour, biological psychiatry 52: 776-84

16 Kochanska G., 2001: emotional development in children with different attachment histories: the first 3 years: child development 72:2:474-90

17 Gross J and Leevenson R 1996: hidden feelings: the acute effects of inhibiting negative and positive emotions: journal of abnormal psychology 106:1: 95-103

18 Candice Pert 1998: molecules of emotion. New York, Simon and schustee
19 Pinker 2002: the blank slate ,Harmondsworth : penguin Allen lane
20 Lawrence LeShan 1997: You can fight for your life : New York: Evans
21 Lydia Temoshok 1992 : the type C connection, New York Random house
22 Depak Chopra 1989 Quantum healing , New York: Bantam
23 Robert Adler and Cohen , N. 1981: conditional immunopharmacologic response , New York, academic press
24 Donald Winnicot: 1992: primary maternal preoccupation in D Winnicot collected papers , through paediatric to psychoanalysis. London, karnac
25 Kodas, E et al: reversibility of n- 3 fatty acids deficiency induced changes in dopaminergic neurotransmitter in rats: critical role of developmental stage, journal of lipid research 43: 8: 1209-19
26 Martin Seligman 1974 : learned helplessness in the rat: journal of comparative and physiological psychology 88: 534-41
27 Sapolsky R 1995: social subordinance as a marker of hyper cortisolism : some unexpected subtleties Annuals of New York academy of sciences 771: 626-39
28 klein M 1988 : Envy and Gratitude, London : virago press
29 Solomon Andrew 2001: the noonday demon, London: chatto and windus
30 Brown G , Harris T 1978 : the social origins of depression. London Tavistock
31 Allen Schore 2003 : affect dysregulation and disorders of the Self, New York: Norton
32 Garber J and Dodge , K 1991, the development of emotion regulation and dysregulation , Cambridge: Cambridge University press
33 Fairbairn . R. 1952 Psychoanalytic study of personality, London: Routledge and Kegan Paul
34 Linehan, M 1993. Cognitive behaviour treatment of borderline personality disorder, New York, Guilford press
35 Hyundai Rhee , S and Waldman, I. 2002 Genetic and environmental influences on antisocial behaviour: a meta-analysis of twins and adoption studies, Psychological bulletin 128:3 :490 529
36 Rutter , M., 1996 genetics of criminal and antisocial behaviour, Chichester : Wiley
37 Van Den Boom, D 1994 : the influence of temperament and mothering in attachment and exploration: an experiment manifestation of sensitive responses among lower class mothers with irritable infants; Child development: 65: 1149
38 Dodge, k. And Somberg D. 1987 : Hostile attributional biases among aggressive boys are exacerbated under conditions of threats to the self: Child Development 58: 213-214
39 Rosenbaum, L., Coplan.,J., Friedman, S, et al: 1994: Adverse early experiences affect noradrenergic and serotoninergic functioning in adult primates Biological Psychiatry 35:4: 221-740
40 LeDoux, J. 2002: The synaptic Self: How our brains become Who We are , London, Macmillam
41 Turner, J (2000) On the Origin of Human Emotions , Paulo Alto: Stanford University Press
42 Genie Wiley: https://en.wikipedia.org/wiki/Genie_(feral_child)